Die Deutsche Nationalbibliothek verzeichnet diese Publikation in der Deutschen Nationalbibliografie.

Originalausgabe
1. Auflage September 2020

Eichteilstraße 27, 86899 Landsberg am Lech
Umschlaggestaltung: Daniele Gazzola
Layout, Satz und Gestaltung: Daniele Gazzola
Druck: Florjančič tisk, d.o.o., Maribor, Slowenien

ISBN 978-3-9813220-6-4

Claudia Edelmann

Neuseeland
Land der Māori

How fragile is the heart

Für Pipiana und Wolf in Liebe

Der Regenwald ist ein magischer Ort, ich liebe es, ihn zu durchstreifen. Der Himmel ist durch das dichte Blättergeflecht kaum sichtbar, die Zikaden stimmen ihr Lied an und die Vögel, die in den Baumkronen im Wind schaukeln, tschilpen vergnügt. Es scheint fast so, als wollten sie mich antreiben, nun endlich meine Reise in die mir noch unbekannte Welt der Māori zu beginnen.

Vorwort

Aotearoa – Im Jahr 1992 habe ich das „Land der langen weißen Wolke“ zum ersten Mal besucht. Die Liebe zu Neuseeland ließ mich nicht los, so dass viele weitere Besuche folgten.

Ich war mit dem Land vertraut, über die indigene Bevölkerung wusste ich nichts. Im Jahr 2010 hatte ich das Vorrecht, sieben Monate mit den Māori zu leben. Während dieser Zeit habe ich die Menschen kennen und lieben gelernt. Ich wurde „Whanau“, extended family, und bekam tiefe Einblicke in eine Kultur, die lange Zeit vor der Vernichtung stand. Meine Zeit in Neuseeland Aotearoa war ein wunderbares Geschenk und trug dazu bei, dass sich meine Wahrnehmung, meine Einstellung und meine Prioritäten völlig verändert haben.

Vor dem Jahr 2010 war Neuseeland für mich das Paradies auf der anderen Seite der Erde. Heute ist Neuseeland Aotearoa meine zweite Heimat. Durch meine Māori-Familie weiß ich, wo ich hingehöre. Ich weiß, für welche Kultur mein Herz schlägt. Und all das zu wissen, macht mich glücklich.

Ich wünsche mir, dass diese Veröffentlichung einen kleinen Anteil daran haben wird, interessierten Menschen Einblick in die faszinierende Kultur der Māori zu geben und so ihr Herz vorurteilslos für die vielfältigen Kulturen dieser Welt zu öffnen.

Haere mai!

Claudia Edelmann

Themenverzeichnis

1

Sehnsucht nach Neuseeland

Als ich zu Beginn der 1990er-Jahre zum ersten Mal am Flughafen in Auckland ankam, schlich sich Neuseeland sofort in mein Herz und setzte dort seinen Anker.

Die Landschaften Neuseelands, die schneebedeckten Berge, die undurchdringlichen Regenwälder, die rauschenden Wasserfälle, die Stille und Einsamkeit, die sofort verfügbar war, wenn ich mich danach sehnte – all das begeisterte mich. Den Māori, der indigenen Bevölkerung Neuseelands, maß ich zum damaligen Zeitpunkt keinerlei Bedeutung zu. Ich wusste nur das über sie, was man in jedem Reiseführer lesen konnte. Ehrlich gesagt war ich auch nicht ernsthaft an ihrer Geschichte und ihrem Schicksal interessiert.

Irgendwann im Laufe meiner Reise besuchte ich die Waitangi Treaty Grounds in Paihia, einen historischen Ort, an dem es im Jahr 1840 zum Treaty of Waitangi gekommen ist. Auf dem Gelände der Waitangi Treaty Grounds erinnern heute ein 30 Meter langes Kanu sowie ein reich mit Schnitzereien verziertes Versammlungshaus an die Māori-Kultur. Informationen über die Māori bezog ich aus Tageszeitungen, in denen regelmäßig über die von ihnen begangenen Straftaten berichtet wurde; die Arbeitslosenquote war hoch und nur wenige erlangten einen Schulabschluss, der ihnen ausreichend Einkommen sicherte. Unterhielt ich mich mit den ansässigen Europäern, so musste ich feststellen, dass diese nicht gerade mit überschwänglicher Begeisterung von ihren indigenen Nachbarn sprachen. Man beklagte die mangelnde Bereitschaft der Māori, sich an die europäische Kultur anzupassen und die Weigerung, die damit verbundenen Vorteile zu sehen.

Während meiner Reise durch Neuseeland schienen sich die Berichterstattung der Presse und die Einschätzung der europäischen Bewohner nur zu oft zu bestätigen. Ich erinnere mich daran in Ortschaften gewesen zu sein, in denen mehr Māori lebten als in anderen. Mit ihren pechschwarzen Mähnen, ihren üppigen Körperbauten und den aufwendigen Tätowierungen, wirkten sie nicht sehr vertrauenerweckend. Passierte ich Māori-Siedlungen, dann sah es dort zumeist unordentlich und ungepflegt aus. Übergewichtige Menschen saßen auf ihren Terrassen, rauchten, und tranken Bier, die Häuser waren verwahrlost, die Gärten verwildert. Die meisten Familien schienen reichlich mit Kindern gesegnet zu sein und anstatt selbst für den Lebensunterhalt zu sorgen, vertrauten sie wohl in erster Linie auf die Unterstützung des Staates, die in Form der Sozialhilfe einmal in der Woche pünktlich auf dem Konto einging. Dazu kamen Berichte von gewaltbereiten Gangs, die die Straßen unsicher machten und in der Bevölkerung für Angst und Schrecken sorgten. All das warf kein gutes Bild auf die Māori und nach dem was ich gesehen und gehört hatte, verspürte ich keinerlei Verlangen, mit ihnen in Kontakt zu treten.

Ich muss zugeben, ich war voller Vorurteile, voller Vorurteile gegenüber Menschen, von denen ich keinen einzigen persönlich kannte. Bestenfalls hatte ich einmal mit einem Māori im Fish and Chips-Laden gemeinsam auf eine Bestellung gewartet und das, ohne ein einziges Wort mit ihm zu wechseln. Meine Begeisterung galt dem Land Aotearoa, das mir Tag um Tag eine neue Dosis seines süßen Gifts injizierte. Innerhalb der nächsten Jahre flog ich daher, so oft es mir möglich war, nach Neuseeland, zu einem persönlichen Kontakt mit den Māori kam es dabei nie.

Doch je vertrauter ich über die Jahre mit Neuseeland wurde, umso mehr etablierte sich in mir der Wunsch, die Māori und ihre Kultur kennenzulernen. Wenn ich über meine Einstellung zu diesen Menschen nachdachte, kam ich zu dem Schluss, dass ich ihnen eine neutrale und unvoreingenommene Haltung schuldete. Ich hatte keine Ahnung von den Māori, doch wie konnte ich behaupten, ein Land zu kennen, wenn ich keinen einzigen seiner indigenen Bewohner kannte?

Wenn ich in meiner Tätigkeit als Journalistin dieses Projekt realisieren wollte, so musste ich zunächst einen Kontakt zu den Māori herstellen. Realistisch gesehen war ich circa 18.364 Kilometer von dem nächsten Māori entfernt, keine gute Ausgangssituation. Mehrere Versuche, mit Māori-Organisationen in Kontakt zu treten, schlugen fehl. Es sah so aus, als würde mein Projekt scheitern, bevor es überhaupt begonnen hatte. Doch kurz darauf kam mir das Schicksal in Form eines Veranstaltungshinweises zu Hilfe. Ein Māori wollte in meiner Heimat am Bodensee in einem Vortrag über Neuseeland und sein Leben berichten. Ungläubig starrte ich auf die kleine Notiz, die mir das verhieß, was ich suchte, einen Māori.

Eine erste Begegnung

An diesem, für mich sehr bedeutenden Abend im Jahr 2008, machte ich die Bekanntschaft des Māori Tokowhā. Während seiner Darbietung erzählte er von den Härten, denen er sich in den 1950er-Jahren als Kind von Māori in Neuseeland gegenübersah. In einer Kultur der Weißen, zu der Neuseeland über die Jahre geworden war, hatten die Māori damals einen schlechten Stand. Die Engländer setzten zunächst da an, wo sie am meisten Einfluss nehmen konnten: in den Schulen. Tokowhā berichtete davon, wie er von seinem Lehrer, einem Pākehā-Europäer, einen anderen Vornamen erhielt, der dann später auch in seinen Pass eingetragen wurde. Dieses Vorgehen wurde damit begründet, dass der Name „John" leichter auszusprechen sei als „Tokowhā". Auf die Narbe deutend, die auf seiner Stirn zu sehen war, erzählte er, wie er in der Schule misshandelt worden war, weil er Māori statt Englisch gesprochen hatte.

Das Schicksal dieses kleinen Jungen, der all das über sich ergehen lassen musste, weil er der „falschen" Rasse entstammte und die „falsche" Hautfarbe hatte, berührte mich tief. Am Ende der Veranstaltung unterhielt ich mich mit Tokowhā über mein geplantes Projekt, worauf er mich in sein Haus in Neuseeland einlud.

Ein Blick in die Kultur

Die natürliche Schönheit der Landschaften, Regenwälder und Strände Neuseelands stellt den Lebensbereich der indigenen Bevölkerung dar. Die Māori haben Neuseeland Aotearoa maßgeblich geprägt und geformt, auch wenn viele Teile ihrer Kultur zwischenzeitlich von den Europäern ausgelöscht wurden.

Zwei Jahre nach Tokowhās Einladung war ich nach Neuseeland zurückgekehrt. Tokowhās Großzügigkeit hatte ich es zu verdanken, dass ich in der Māori-Kultur und bei ihren Menschen Gast sein durfte.

Während meines Aufenthalts diente die kleine Stadt Te Kuiti als Ausgangspunkt für meine Recherchen. Te Kuiti liegt im King Country in der Waikato-Region. Der Name Te Kuiti leitet sich von dem Wort „Te Kuititanga" ab, was als „Tal der Verengung" wiedergegeben werden kann. Kultureller Anziehungspunkt des Städtchens ist das Versammlungshaus Te Tōkanganui-a-Noho, das dem lokalen Māori-Stamm Ngāti Maniapoto als zentrale Anlaufstelle dient.

Auf dem Weg von Te Kulti nach Rotorua, Nordinsel

Gleich zu Beginn meiner Recherchen hat mir Tokowhā einen Rat gegeben. Er sagte: „Wenn du mein Volk wirklich kennenlernen und verstehen möchtest, dann musst du mit ihm essen, mit ihm trinken, mit ihm lachen, mit ihm weinen, mit ihm arbeiten und mit ihm ausruhen."

Genau das habe ich getan und dabei Menschen kennengelernt, deren Wertvorstellungen, deren enge Familienbande und deren Respekt vor der Natur mich tief beeindruckt haben. All die schlechten Eigenschaften, die ich fast zwei Jahrzehnte lang den Māori zugeschrieben hatte, erwiesen sich als völlig haltlos.

Sieben Monate habe ich in Neuseeland Aotearoa bei und mit den Māori gelebt. Meine Hoffnungen einen Blick auf die Māori-Kultur zu erhaschen, wurden bei weitem übertroffen, da diese Menschen großzügig ihre Türen und ihre Herzen für mich öffneten und mich im Überfluss an ihrem kulturellen Reichtum teilhaben ließen.

Als ich in die Kultur der Māori eintauchte, wusste ich nicht, was mich erwarten würde. Ich war darauf angewiesen, dass sich die Māori mir gegenüber öffneten und mir vertrauten. Doch sie taten weit mehr als das, sie erlaubten mir, ein Teil von Ihnen zu werden.

Blick auf die großen Sanddünen gegenüber von Opononi und Omapere, Northland, Nordinsel

2

Neuseeland Land der Māori

Neuseeland Aotearoa ist die Heimat der Māori, der indigenen Bevölkerung Neuseelands. Aotearoa kann in die Silben „ao“ für „Wolke“, „tea“ für „weiß“ und „roa“ für „lang“ aufgeteilt werden. Die heute gängige Übersetzung von Aotearoa lautet „Land der langen weißen Wolke“. In früheren Zeiten scheint der Begriff nur auf die Nordinsel angewandt worden zu sein.

Die Bezeichnung „Māori“, den die indigene Bevölkerung Neuseelands trägt, und den sie sich selbst gegeben hat, bedeutet „einfach“ „normal“, oder „gewöhnlich“. Man geht davon aus, dass die frühen Vorfahren der Māori aus Südostasien stammen. Einige Historiker sehen ihre Wurzeln sogar im heutigen China und nehmen an, dass die Menschen über Taiwan in den Südpazifik und dann nach Neuseeland gekommen sind.

Gemäß mündlichen Überlieferungen war Kupe, einer der großen polynesischen Seefahrer, der erste, der sich im Jahr 925 nach Aotearoa aufmachte. Die Māori waren hervorragende Navigatoren, die sich an den Gestirnen orientierten. Gemäß den Überlieferungen erreichte im Jahr 1350 die sogenannte „Great Fleet“, die aus Kanus der Māori-Stämme Tainui, Te Arawa, Mātaatua, Kurahaupō, Tokomaru, Aotea und Tākitimu bestand, die Inselgruppe. Die Neuankömmlinge siedelten sich dabei hauptsächlich auf der Nordinsel an, da das Klima dort fruchtbarer und milder ist.

Die größte soziale Einheit in der Gesellschaft der Māori ist der Iwi (Stamm). Jeder Stamm kann in mehrere Hapū (Clans) unterteilt werden. Die kleinste Einheit der sozialen Struktur wird "Whanau" genannt. Der Begriff beschreibt die Familie bestehend aus drei bis vier Generationen.

Nach ihrer Ankunft in Neuseeland Aotearoa lebten die Māori gemeinschaftlich in unbefestigten Siedlungen (kāinga), die in den Landebenen errichtet wurden oder aber, um sich besser vor Angreifern schützen zu können, in befestigten Dörfern (pā), die an günstig gelegenen und sicheren Plätzen gebaut wurden. Das Gebiet, wo man sich niederließ, wurde nach strategischen Gesichtspunkten ausgewählt, sodass die Verteidigungsfähigkeit sowie die Versorgung mit Wasser und Nahrung gesichert war, das heißt, man entschied sich für Areale, die an Flüssen oder Flussmündungen sowie in Wäldern oder am Meer gelegen waren. Jagdgebiete oder Frischgründe waren klar definiert und festgelegt, sodass es nicht zu Streitigkeiten unter den zusammenlebenden Dorfbewohnern kam. Gewisse saisonbedingte Ereignisse, wie die Fischerei- oder Jagdsaison, eine festgesetzte Zeit, um Kulturpflanzen zu setzen oder Heilpflanzen zu ernten, machten es immer wieder nötig, die Siedlungen für eine gewisse Zeit zu verlassen.

Während die Māori in ihrer Heimat lange Zeit ungestört ihrem täglichen Leben nachgingen und ihre Kultur pflegten, wurden die europäischen Seefahrer von ihrer Abenteuerlust in die Welt hinausgetrieben. Aotearoa sollte ihnen nicht auf Dauer verborgen bleiben.

Im Dezember 1642 entdeckte der niederländische Seefahrer Abel Tasman die Westküste Neuseelands. Die erste Begegnung mit den Māori endete blutig, weshalb Abel Tasman selbst keinen Fuß auf Neuseelands Boden setzte. Zunächst Staaten Landt genannt, änderte man den Namen des Landes im Nachhinein in Nova Zeelandia. Über 100 Jahre später, im Oktober des Jahres 1769, erreichte der britische Seefahrer und Entdecker Kapitän James Cook Neuseeland. Dieser nahm die Inseln im Namen der englischen Krone in Besitz. Auch James Cook hinterließ bei der indigenen Bevölkerung keinen guten Eindruck, sodass auch sein erster Besuch mit Blutvergießen endete.

Im Jahr 1791 kamen vor allem Walfänger und einige Jahre später auch Missionare nach Neuseeland. Die Māori sahen die Ankunft der Europäer und die daraus resultierenden Handelsbeziehungen zunächst als Einkommensquelle und als Mittel an, ihr Ansehen zu steigern. Doch als die Einwanderer immer mehr Forderungen stellten, uferten die Streitigkeiten in Gewalt aus. Um die Dispute zu schlichten und den bestehenden Handel zu kontrollieren, schickte die englische Krone im Jahr 1833 den Gesandten James Busby nach Neuseeland. Da Frankreich ein offenkundiges Interesse daran bekundete, auf der Südinsel Neuseelands eine Kolonie zu gründen, setzte Busby einen Vertrag auf, der das verhindern und Großbritanniens Einfluss auf Neuseeland sichern sollte. Am 28. Oktober 1835 unterzeichnete die britische Krone die Declaration of Independence of New Zealand, eine Unabhängigkeits-

Strand auf Waiheke Island, Nordinsel

erklärung, die Neuseeland zu einem unabhängigen Staat unter britischer Krone machte. Einige Māori-Chiefs der nördlichen Stämme unterschrieben in Waitangi das vorgelegte Dokument.

Am 22. Januar 1840 wurde Neuseeland vom britischen Weltreich offiziell annektiert. Um den Mantel der Legalität über dieses Tun zu legen, gab es bereits einen Plan. Zwei Tage später erreichte Kapitän William Hobson die Bay of Islands und brachte ein erstes Konzept für den Vertrag von Waitangi mit. William Hobson, James Busby und der Missionar Henry Williams überarbeiteten das Schriftstück, das sich schon kurz darauf als größte Bedrohung für die Māori-Kultur herausstellen sollte.

3

Māori und Pākehā – Ein unglücklicher Start

Am 6. Februar 1840 schlossen die Briten mit 40 Māori-Chiefs in der Bay of Islands den Treaty of Waitangi, eine Vereinbarung, die sowohl den Māori als auch den Europäern ein friedliches Zusammenleben in Neuseeland Aotearoa ermöglichen sollte. Während der nächsten Monate unterschrieben weitere 500 Verantwortliche der Stämme das Abkommen. In dem Vertrag verzichteten die Māori auf alle souveränen Rechte und wurden zu britischen Bürgern. Im Gegenzug sicherte man ihnen zu, dass sie ihr Land behalten dürfen. Der Vertrag stellte die Māori mit allen Rechten unter den Schutz der Krone und übertrug Großbritannien die Souveränität über Neuseeland. Nicht lange danach kam es jedoch zu unterschiedlichen Auslegungen des Kontrakts, was zu zahlreichen Kontroversen führte. Nicht alle Regelungen im Vertrag waren eindeutig und wurden nach und nach zugunsten der Europäer aufgeweicht.

Das systematische Vernichten einer Kultur

Der Strom an europäischen Siedlern, die ins Land drängten, war von nun an nicht mehr aufzuhalten. Sie radierten ganze Wälder aus und forderten immer mehr Landflächen, was zu weiteren Streitigkeiten zwischen den Vertragsparteien führte. Die Briten begannen damit, auf unkultiviertes Māori-Land Steuern zu erheben. Als die Māori diese nicht bezahlen konnten, wurden diese Landgebiete in großem Maße konfisziert. Manche Māori willigen ein, ihr Land an die Siedler zu verkaufen, ohne sich dessen bewusst zu sein, dass sie dadurch auch die Rechte an dessen Ernteerträgen einbüßten. Der Verkauf von Land war im kulturellen Kontext der Māori nicht üblich, da sie sich nie als Besitzer, sondern ausschließlich als Hüter des Landes ansahen. Die Māori lebten immer von dem, was das Land und das Meer ihnen zur Verfügung stellte. Als die Siedler damit begannen, ihre Ländereien einzuzäunen, entzogen sie sie dadurch automatisch der Nutzung der indigenen Bevölkerung. Um den ausufernden Fischfang einzudämmen und den weiteren Fischbestand zu sichern, wurden überdies Fangquoten erlassen. All das hatte zur Folge, dass die Stämme automatisch ihre natürliche Lebensgrundlage verloren. Für die Māori bedeutete das den wirtschaftlichen und sozialen Abstieg.

Die Kriege zwischen den Parteien forderten weitere Opfer. Bis zum Jahr 1880 hatte sich die Zahl der in Neuseeland lebenden Māori auf etwa 40 000 verringert. Von Resignation und dem Verlust ihrer Würde als Māori-Krieger zerrüttet, gingen die Europäer davon aus, dass sich die Māori entweder an die europäische Kultur anpassen oder aussterben würden. Die Briten bezeichneten den Zustand, in dem sich die Māori befanden als „Psychologischen Fatalismus“. Die Māori-Bevölkerung nahm kontinuierlich und dramatisch ab und war nur mehr eine Minderheit im eigenen Land, die weder gesellschaftlich noch politisch eine Rolle spielte.

Ohne eigenes Land und begrenzte Zugänge zum Meer sahen sich immer mehr Māori gezwungen, in größere Städte zu ziehen, um dort als Hilfsarbeiter ihren Lebensunterhalt zu verdienen. Als erste Auswirkung davon brachen die Familienverbände, die die Pfeiler der Māori-Zivilisation bedeuteten, auseinander. In den 1950er-Jahren bestand die Mehrheit der Māori aus ungelernten Arbeitern. Das Gros kämpfte mit Armut und wirtschaftlichen Problemen. Entfremdung gegenüber der eigenen Kultur und Hoffnungslosigkeit waren die Folge.

Über die Jahre hinweg wurde das Leben der Māori komplett umgestülpt, „Anpassung“ war das Wort der Zeit. Die Expansion der neuen Kultur zeigte sich gnadenlos und ließ dem

Grasende Schafherde in der Nähe von Awakino, Nordinsel

Erhalt des kulturellen Erbes der indigenen Bevölkerung keinen Raum. Wenn die Māori weiterhin als Volk bestehen wollten, dann mussten sie ihr Schicksal, das von den Europäern bestimmt wurde, annehmen. Für die Māori-Stämme ging es einzig und allein darum, sich so gut es ging, an die neuen Entwicklungen anzupassen, die ihr Land überfluteten und damit gleichzeitig ihre Kultur auslöschten. Überleben würde nur der, der sich in der Pākehā-Welt, der Welt der Europäer, einen Platz sicherte.

In dem Vorhaben, die Indigenen so schnell wie möglich an die überlegene Kultur der Europäer anzupassen, wurde alles dem Erdboden gleichgemacht, was auf die bisherige Kultur schließen ließ. Heilige Stätten der Vorfahren wurden entweiht, Māori-Namen von Plätzen und Orten durch europäische ersetzt und das Ausüben von Bräuchen und Überlieferungen, wie zum Beispiel Rongoa-Māori, das Anwenden von Māori-Medizin, untersagt. Ihres Landes und ihrer Kultur beraubt, kam es bei vielen Māori zum Verlust der Identität. Die „Lost Generation" entstand, die Māori-Generation, die in der Zeit aufgewachsen ist, als es zu dramatischen Einschnitten in der persönlichen Entfaltung der Māori kam. Um ihr kulturelles Erbe betrogen, gelang es dieser Generation weder in der eigenen noch in der europäischen Kultur ein Zuhause zu finden.

Die Auflehnung beginnt

Auf die Phase der Resignation folgte die Phase der Rebellion. Diese begann zunächst im Kleinen. Zu Beginn der 1970er-Jahre bildeten sich Gang-Gruppierungen aus den Reihen der Māori heraus, die ihren Protest gegen das bestehende politische System durch gewaltbereites Verhalten offen zum Ausdruck brachten. Zur Sorge der Māori-Chiefs erkoren sie bedeutende Teile der Māori-Kultur zum sichtbaren Zeichen ihres Widerstands. Doch mit den Jahren wurden die Rufe nach der eigenen Kultur auch in anderen Māori-Kreisen lauter. Daher beschlossen die Verantwortlichen der Stämme zu handeln. Sie erkannten, dass ihr gemeinsames Ziel darin bestehen musste, die Māori-Kultur als Erbe für künftige

Generationen wiederherzustellen und zu bewahren. Durch das Setzen dieser Priorität fanden die Māori wieder als EIN Volk zusammen. Aus Respekt und Verantwortung gegenüber ihren Vorfahren und ihren Nachkommen, kämpften sie nun nicht mehr gegeneinander, sondern miteinander. Sie erinnerten sich daran, ein Volk von mächtigen Kriegern gewesen zu sein, deren Vorfahren sich durch Mut und Entschlossenheit auszeichneten. So gelang es den Stämmen, nach und nach die Rechte und Freiheiten zurückzuerobern, die die europäischen Unterdrücker ihnen aberkannt hatten.

Einige Māori kann man als Symbolfiguren der Zeit des Aufstandes betrachten. Die engagierte Aktivistin Whina Cooper trat dabei besonders hervor. Im Alter von 80 Jahren führte sie den berühmten „Māori-Landmarsch von 1975" an, einen 29 Tage dauernden Protestmarsch für die Landrechte der Māori. Der Fußmarsch begann am 14. September 1975 in Te Hapua, an der Nordspitze Neuseelands, und führte bis in das tausend Kilometer entfernte Wellington. Dort forderten sie und ihre Begleiter am 13. Oktober 1975 im „Memorial of Right" und einer von 60.000 Menschen unterzeichneten Petition, die Rückgabe ihrer Ländereien und das Recht, wieder uneingeschränkt und ohne Auflagen ihr Land verwalten zu dürfen. Durch das im Jahr 1975 eingerichtete Waitangi Tribunal ist es den Stämmen möglich, Rechtsansprüche auf verlorene Landrechte, die sich aus dem Treaty of Waitangi ableiten lassen, geltend zu machen.

Auch wenn die Kultur der Māori in der Zwischenzeit wieder an Bedeutung gewonnen hat, ist die allgemeine soziale Situation noch in vielen Bereichen unausgeglichen. Noch immer sind viele Māori auf soziale Unterstützung angewiesen und auch was Bildung, berufliche Karriere und Einkommen anbelangt, stehen Māori weit hinter den ansässigen Europäern, zurück.

Küste entlang der Coastal Road SH1 nach Kaikoura, Südinsel

Pancake Rock Formation, Südinsel

4

Marae – Das Herz der Māori-Kultur

Mit dem Begriff „Heimat" verbinden viele Menschen das Gefühl von Geborgenheit und Sicherheit. Heimat ist da, wo wir glücklich sind, es ist der Platz, wo wir hingehören. Die meisten Māori verspüren dieses Gefühl von Heimat und Verbundenheit, wenn sie zu ihrem Marae, der traditionellen Versammlungsstätte ihrer Familie oder ihres Stammes, zurückkehren. Obwohl auf den ersten Blick ein Ort für zeremonielle Begrüßungen, Reden und kulturelle Aktivitäten, ist der Marae viel mehr als das, er ist der Inbegriff für die Identität der Māori und bildet das Herzstück der Māori-Kultur. Der Marae ist der Ort, an dem ein Māori ein Māori sein kann, denn nirgendwo ist er seiner Kultur näher als im Haus seiner Vorfahren. Im Marae verbindet sich die Existenz jedes Einzelnen mit seiner Vergangenheit, seiner Gegenwart und seiner Zukunft und daher ist es mehr als passend, dass die Māori den Marae als „Tūrangawaewae" – „Der Platz, wo man hingehört", bezeichnen.

Der ehemalige Führer des Tuhoe-Stammes, John Rangiāniwaniwa Rangihau, hat die Bedeutung des Marae für sein Volk einmal wie folgt erklärt:

„Marae sind unsere Zufluchtsorte, Stätten, die es uns ermöglichen, mit unserer Lebensweise fortzufahren und an den Begriffen und Werten unserer Kultur festzuhalten. Wir brauchen den Marae, um in der Kunst des Redens zu wachsen, um unsere Toten zu beweinen, um zu unserem Gott zu beten, um unseren Gästen ein Heim bieten zu können, um unsere Versammlungen durchzuführen, um unsere Hochzeiten zu feiern, um unsere Wiedersehen zu begehen, um zu singen und zu tanzen, um die Geschichte unseres Volkes zu lernen und um zu erkennen, dass der Reichtum des Lebens und das stolze Erbe unser ist."

In Neuseeland gibt es etwa achthundert Marae. Die meisten Stämme, Clans, und kleineren Māori-Gemeinschaften haben auch heute noch ihren eigenen Marae. Das wichtigste Haus aus dem Areal ist das Wharenui, das Haupthaus, das auch als Whare Tupuna, das „Haus der Vorfahren", bezeichnet wird. Neben dem Wharenui befinden sich auf dem Marae-Gelände in der Regel noch ein Speisesaal, ein Schlafsaal, die Toiletten und ein Friedhof.

Obwohl der Begriff Marae gewöhnlich nur auf den offenen Innenhofbereich unmittelbar vor dem Versammlungshaus zutrifft, wird er zumeist synonym für das gesamte Areal gebraucht. Für jeden Marae gilt ein eigenes Protokoll, das von den Gastgebern festgelegt wird. So ist es im Versammlungshaus zum Beispiel nicht gestattet, Schuhe zu tragen, zu rauchen, zu essen oder gar die Schnitzereien als Kleiderhaken zu benutzen. Durch das Beachten des Protokolls erweist man sowohl den Gastgebern als auch der Māori-Kultur seinen Respekt.

Das Pōwhiri

Wenn man einen Marae besucht, auf dem man vorher noch nie von den Tangata Whenua, den Menschen, die dem Marae zugehörig sind, offiziell begrüßt wurde, dann wird man von den Gastgebern zunächst mit einem Pōwhiri, der traditionellen Begrüßungszeremonie, willkommen geheißen. Das Pōwhiri ist der Schlüssel zum Betreten des Marae und erst, wenn der Gast alle Schritte der Begrüßung durchlaufen hat, wird er Teil der Tangata Whenua. Das Pōwhiri ist allerdings nur im Rahmen einer formellen Zusammenkunft erforderlich. Bevor das Pōwhiri beginnt, versammeln sich die Besucher (manuhiri) vor den Toren des Marae. Man macht sich miteinander bekannt und stellt sich in Zweierreihen vor dem Eingang auf. Die Reihenfolge, in der die Aufstellung der Gäste stattfindet, richtet sich nach dem Protokoll der Tangata Whenua, dem sogenannten Kawa.

Te Puia Pōhutu Geyser, Rotorua, Nordinsel. Die Fontäne von Pōhutu kann bis zu 30 Meter hoch werden

Eingeleitet wird das Pōwhiri durch den Willkommensruf (karanga). Eine ältere Frau (kai karanga), die vor dem gastgebenden Marae steht, erhebt dabei ihre Stimme zum Gesang und gleichzeitig setzen sich die Besucher langsam in Bewegung. Der Willkommensruf der Kai Karanga erfolgt mit diesen oder ähnlichen Worten:

„Tretet vor, Ihr Gäste, die Ihr aus der Ferne kommt. Willkommen! Willkommen! Bringt mit Euch die Seelen Eurer Verstorbenen, damit sie begrüßt und beklagt werden können. Betretet den heiligen Marae unseres Volkes. Willkommen! Willkommen! Willkommen!"

Bevor der Gesang der Frau am Versammlungshaus verhallt, erwidert eine Frau aus den Reihen der Besucher (kai whakautu) den Ruf. Diese antwortet repräsentativ für alle, die sie begleiten. Während des Karanga ehrt eine Gruppe die andere und zollt den Familienmitgliedern Ehre, die sie während des Pōwhiri vertreten sowie den Familienangehörigen, die bereits verstorben sind. Das Durchführen des Karanga ist ausschließlich die Aufgabe der Frauen, die für die Gäste dadurch den symbolischen Schlüssel zum Betreten des Marae verwalten.

Im Versammlungshaus sieht die Sitzordnung vor, dass die Männer auf der Gästeseite die vorderen Reihen einnehmen und die Frauen die hinteren. Danach kommt es zu einem verbalen Austausch zwischen Sprechern aus der Gruppe der Gastgeber und einem Redner aus der Gruppe der Gäste, wobei sich beide Gruppen in ihren Reden abwechseln und die Gastgeberseite den Anfang macht. Das Vorrecht, im Marae zu sprechen, wird ausschließlich befähigten Rednern zuteil, die beim Whaikōrero durch das Verwenden von Metaphern und Gleichnissen ihre Sprachgewandtheit unter Beweis stellen. Wenn der Sprecher der Besucher seine letzte Rede abgeschlossen hat, platziert er vor den Gastgebern auf dem Boden das Koha, einen Umschlag, der eine Geldspende enthält. Der Zweck des Koha besteht darin, die Gastgeber im Unterhalt des Marae zu unterstützen sowie die Ausgaben zu decken, die durch das Pōwhiri entstanden sind. In früheren Zeiten war es üblich das als Koha darzubringen, was in der Region, aus der man kam, kostbar war, wie etwa Süßkartoffeln, Meeresfrüchte oder aufwendig gewebte Umhänge. Nachdem der letzte Redner von der Gastgeberseite mit seiner Ansprache zu Ende gekommen ist, werden die Gäste ermuntert nach vorne zu kommen, um sich mit dem Hongi (Pressen von Nase und Stirn) und mit dem Hariru (Händeschütteln) mit den Gastgebern persönlich bekannt zu machen. Nach dem Verlassen des Versammlungshauses werden die Gäste im Speisesaal mit einem Hākari (Festmahl) mit den Gastgebern zusammengeführt. Mit dem gemeinsamen Essen ist das Begrüßungszeremoniell offiziell beendet. Hat man als Gast das Marae-Gelände betreten, ist man durch die Willkommenszeremonie nun während des gesamten Aufenthalts Teil der Tangata Whenua, der „Menschen des Landes".

Abendstimmung im „Land der langen weißen Wolke“

Wharenui Versammlungshaus auf einem Marae-Gelände

Ein Blick auf das Wharenui

Das Wharenui (Versammlungshaus) ist fast immer nach einem Vorfahren benannt. Betritt man das Wharenui, dann betritt man daher kein gewöhnliches Gebäude, sondern in symbolischer Weise den Leib des Vorfahren. Auf dem Giebel des Hauses befindet sich der "Tekoteko", eine geschnitzte Figur, die den Kopf des Vorfahren repräsentiert. Die Ortgangbretter (maihi), die nach unten abfallen, verkörpern die Arme des Vorfahren. Die vorstehenden geschnitzten Enden der Ortgangbretter (raparapa) versinnbildlichen die Finger. Die aufrechten Pfosten (amo) unter den symbolischen Armen, stellen die Beine dar. Die Firststange (tahuhu), die von vorne nach hinten in der Mitte des Versammlungshauses verläuft, symbolisiert das Rückgrat des Vorfahren und die gemusterten Dachsparren (heke) auf der Innenseite des Hauses, die Rippen. An der Vorderseite des Hauses befindet sich die Veranda

(mahau), auf der die Schnitzereien der Vorfahren als Wächter stehen, um den Eingang zu schützen.

Die meisten Versammlungshäuser sind in den Farben Rot, Weiß und Schwarz gestrichen. Die Farben sind nicht zufällig gewählt, sie haben ihren Ursprung in der Schöpfungsgeschichte der Māori.

Schwarz	„Te Po", die Herrscherin der Unterwelt
Rot	Das Blut, das vergossen wurde
Weiß	Te Ao Marama, das Licht

5

Māori Küche – Geschenke von Papatūānuku

Ein Regenwald voller Köstlichkeiten

Alles erinnert an einen Einkauf im Supermarkt. Die angenehme Verkaufsatmosphäre wird durch dezente Hintergrundmusik verstärkt, und die Ware präsentiert sich frisch und geschmackvoll arrangiert. Natürlich habe ich auch einen kleinen Einkaufskorb dabei, in den ich all das stecken werde, was mir die kommende Stunde ins Auge sticht. Das einzig Ungewöhnliche an diesem Einkaufserlebnis ist, dass sich der Supermarkt inmitten des Regenwaldes Neuseelands befindet. Papatūānuku, Mutter Erde, ist die Lieferantin für all das, was ich heute im Busch entdecken werde, und geführt werde ich dabei von dem bekannten Māori-Küchenchef Charles Royal.

Charles und ich haben uns auf dem Parkplatz des Lake Rotomā zum Food Trail verabredet. Von dem Moment an, als wir den Regenwald betreten, begleitet uns der Gesang der Zikaden und der vielen Waldvögel. Charles prescht voran, während ich ihm vorsichtig folge. Mein Begleiter kennt jede vorwitzige Wurzel und jede Unebenheit auf dem Weg, während ich aufpassen muss, auf dem feuchten Untergrund nicht ins Rutschen zu geraten. Immer wieder bleibt Charles kurz stehen, um etwas vom Waldboden aufzuheben oder um einen Trieb von einer Staude zu knicken. Einmal reicht er mir zur Verkostung eine süßlich schmeckende Tawa-Beere, wenig später ermuntert er mich, den Stängel eines Astes zu kosten, der erfrischend saftig ist. Während Charles mich in die essbare Pflanzenwelt Neuseelands einführt, pflückt er im Vorbeigehen allerhand Leckereien, die er zur weiteren Verwendung in seiner großen Tasche verschwinden lässt. Hin und wieder steckt er mir, mit einem Grinsen auf

Māori-Küchenchef Charles Royal im Regenwald

dem Gesicht, etwas Grünes zu, das ich voller Wertschätzung in mein Körbchen lege. Bedächtig setze ich einen Schritt vor den anderen, um nicht das mögliche Abendessen zu zertrampeln, das überall herumzuliegen scheint. Charles liebt den Busch, daran besteht kein Zweifel. Er kann sich keinen schöneren und natürlicheren Arbeitsplatz vorstellen. Das Wissen über die native Pflanzenwelt Neuseelands hat Charles Büchern entnommen oder in Gesprächen mit den alten und erfahrenen Māori erworben. Während unserer Wanderung berichtet Charles von dem im Regenwald wachsenden Weinstock, dessen Äste von den Māori früher zu Körben verarbeitet wurden, um damit Langusten zu fangen, von Kawakawa, einer Pflanze, die der Blutverdünnung dient, und von Pikopiko, einer delikaten Farnspitze, aus der sich ein exquisites Mahl zaubern lässt.

Als wir nach eineinhalb Stunden den Regenwald verlassen, bin ich überwältigt von dem Reichtum an Nahrung, die im Busch zu finden ist. Wie schade, dass nur wenige Menschen mit den Kostbarkeiten vertraut sind, die im Regenwald erntefrisch, unbehandelt und kostenfrei zur Verfügung stehen.

Sammeln von essbaren Pflanzen in Neuseelands Regenwald

Die Māori-Küche

Die beste Möglichkeit, sich durch das reiche Repertoire an Māori-Gerichten zu kosten, ist der Besuch einer typischen Māori-Veranstaltung. Bestens dafür geeignet ist ein Kapa Haka-Festival oder der Besuch des „Māori Kai Festivals“, das regelmäßig in der kleinen Hafenstadt Kāwhia auf der Nordinsel Neuseelands stattfindet. Dort gibt es Spezialitäten wie „Pauamuschel mit frittiertem Brot“, „fermentierte Brunnenkresse mit Muschelfleisch“ „Rēwena Paraoa“, ein Brot, dessen Sauerteig aus Kartoffelsaft hergestellt wird, oder „Kina“, der eingelegte Rogen eines Seeigels, der einen ganz speziellen Duft verbreitet, den man mögen muss.

Die ganz Mutigen wagen sich nach Hokitika auf die Südinsel zum Wildfoods Festival. Das Angebot dort reicht von schmackhaft bis haarsträubend und so manch ein Gaumen ist dort schon an seine Grenzen gekommen. Aber nur zu! Die Auswahl an Māori-Gerichten wird in Hokitika von kulinarischen Exkursen der besonderen Art um einiges erweitert. Sollten einem die rohen oder gegrillten Maden des Huhu-Käfers nichts ausmachen und sollte man auch vor dem Verzehr von gekochten Hühnerfüßen oder frittierten Grashüpfern nicht zurückschrecken, dann ist man in Hokitika genau richtig! Und wer weiß, vielleicht findet man dort auch etwas Inspiration für die heimische Küche.

Das bekannteste Mahl der Māori ist und bleibt aber das Hāngi. Der Begriff „Hāngi“ beschreibt die traditionelle Methode der Māori, Essen in einem Erdofen (umu) zuzubereiten. In den frühen Zeiten der Māori landeten oftmals auch Gefangene im Erdofen und wurden im Anschluss daran verspeist. Heute füllt man den Hāngi-Korb ausschließlich mit Fleisch vom Lamm, Schwein, Rind, Hammel oder Hühnchen, und gibt Gemüse wie Süßkartoffeln, Kürbisse, Zwiebeln, Kohlrüben, Pastinaken und Brunnenkresse dazu. Nach dem Befüllen wird der Korb mit Kohlblättern abgedeckt und im Erdofen versenkt. Nach etwa drei Stunden ist das Mahl fertig.

Ein Hāngi bereitet man niemals für sich alleine zu, daher kommt ein Hāngi bei den Māori immer dann auf die Speisekarte, wenn eine große Menge an Menschen zu verköstigen ist, wie etwa bei Hochzeiten, einem Pōwhiri oder bei Trauerfeiern. Interessanterweise werden bei den Zutaten keinerlei Gewürze verwendet. Der außergewöhnliche Geschmack entsteht durch die besondere Art der Zubereitung.

Rezepte

zum Nachkochen

Hāngi

Ein Feuer wird entzündet, in dem die Steine erhitzt werden (li.).Die Asche und kleinere Steine werden aus dem Loch entfernt (re.).

Das vorbereitete Fleisch und Gemüse wird in Gemüseblätter eingewickelt und in einen Metallkorb gegeben. Der Korb wird zum vorbereiteten Erdloch getragen (li.), auf den heißen Steinen platziert, mit großen Blättern sowie nassen Säcken abgedeckt und mit Erde zugeschaufelt(re.).

Nach drei Stunden wird das Essen ausgegraben. Die heißen Speisen werden umgehend aus dem Korb geholt (li.). Das fertige Hāngi kann nun genossen werden (re.).

Mussel Fritter (frittierte Muscheln)

Was Sie benötigen:

2 Tassen Mehl
2 Eier
Salz, Pfeffer und Kräuter nach Belieben

2 Teelöffel Backpulver
Etwa eine halbe Tasse Milch
Green Shell Muscheln oder Miesmuscheln

Zubereitung 

Verquirlen Sie die Eier sorgfältig und fügen Sie Mehl und Backpulver hinzu. Schmecken Sie den Teig mit Salz, Pfeffer und etwas Kräutern ab. Verrühren Sie das Ganze mit der Milch zu einem sämigen Teig.

Lassen Sie die Muscheln zwei bis vier Minuten im Wasser kochen, danach abkühlen und klein schneiden. Geben Sie das Muschelfleisch zum Teig und heben Sie es gleichmäßig unter.

Erhitzen Sie das Öl und setzen Sie mit einem Esslöffel kleine Teigmengen in das heiße Fett. Drücken Sie die Masse flach und backen Sie den Teig von beiden Seiten goldbraun an.

Sie können das Gericht etwas verfeinern, indem Sie die kleingeschnittenen Muscheln vorher mit einer Zwiebel in der Pfanne andünsten und dann unter den Teig heben.

Paraoa Parai (frittiertes Brot)

Was Sie benötigen:

2 Tassen Mehl	1 Prise Salz
2 Teelöfel Backpulver	Wasser

Zubereitung

Geben Sie das Mehl, das Backpulver und das Salz in eine Schüssel. Fügen Sie das Wasser hinzu und verarbeiten Sie die Zutaten zu einem geschmeidigen Teig. Lassen Sie den Teig auf einer bemehlten Fläche zugedeckt etwa 20 Minuten ruhen. Schneiden Sie den Teig in kleine Stücke (Brötchengröße).

Frittieren Sie die Teiglinge in der Pfanne oder Fritteuse goldgelb. Servieren Sie das frittierte Brot noch warm mit Marmelade oder Ahornsirup.

Kawakawa Shortbread

Was Sie benötigen:

250 g Butter
1 Tasse Puderzucker
1 Tasse Maismehl
2 TL getrocknetes Kawakawa-Pulver
1,5 Tassen Weizenmehl

Zubereitung

Heizen Sie den Ofen auf 150 Grad vor. Schlagen Sie die Butter und den Puderzucker schaumig. Vermengen Sie das Maismehl mit dem Weizenmehl und dem Kawakawa-Pulver und fügen Sie alles zur Butter-Zuckermasse hinzu. Kneten Sie den Teig so lange, bis er nicht mehr klebt und stellen Sie ihn eine Stunde kalt.

Mehlen Sie die Oberfläche eines Backbretts und rollen Sie den Teig auf 1 cm Höhe aus. Stanzen Sie mit der Form Herzen aus dem Teig und legen Sie diese auf ein gefettetes Backblech. Stechen Sie die Herzen mit einer Gabel ein und backen Sie sie 20-25 Minuten. Danach erkalten lassen und mit Puderzucker bestäuben.

Roroi (Süßkartoffelkuchen)

Was Sie benötigen:

2 mittelgroße Süßkartoffeln

1 Tasse Zucker

Zubereitung 

Schälen Sie die Süßkartoffeln und schneiden Sie sie in dünne Scheiben. Fügen Sie den Zucker hinzu und vermengen Sie die Zutaten.

Füllen Sie den Süßkartoffel-Zuckermix in eine gefettete Form und bedecken Sie die Backform mit einem Deckel oder Folie. Backen Sie das Ganze für eine Stunde im Ofen.

Schalten Sie den Herd nach einer Stunde ab und lassen Sie das Gebäck weitere zwanzig Minuten im Ofen nachgaren. Danach herausnehmen und bei Zimmertemperatur servieren. Dazu passt Vanillesoße oder Schlagsahne.

Die Rezepte sind dem Buch „Cooking with Charles Royal" entnommen.
ISBN 978-1-86969-418-0

Auf der Suche nach Kai

Das Frühstück habe ich ausfallen lassen. Wer ein Kai- oder Food Festival besucht, der braucht am Morgen nichts zu essen, dachte ich. Hätte ich vor der Abfahrt einen Blick auf die Landkarte geworfen, dann wäre ich sicher nicht aus dem Haus gegangen, ohne mich vorher mit einer großen Schale Müsli zu stärken. Unser Ziel ist Kāwhia, ein kleiner Ort an der Westküste mit etwa 600 Einwohnern. Einmal im Jahr, zum traditionellen Māori Kai Festival, einer Festivität, bei der Essen (kai) im Vordergrund steht, schwillt Kāwhias Besucherzahl auf etwa 10 000 an. Auf der ausgebauten Straße kommen wir zunächst gut voran. In Tihiroa biegen wir auf den State Highway 31 ab und stehen wenig später vor einer geöffneten Motorhaube. Graue Schleier steigen aus dem Inneren des Pick-ups in die schwüle Luft auf. „Too hot", sagt die Māori und grinst ein fast zahnloses Lächeln. Unermüdlich schüttet sie Wasser in den Kühler, der brodelt und dampft wie ein Geysir. Vier runde Kindergesichter mustern uns neugierig von den geöffneten Seitenfenstern aus. Tokowhā, mein Māori-Guide, wirft einen Blick in den Motor und schüttelt nur den Kopf. Mit diesem Gefährt wird für die Familie aus dem geplanten Ausflug nach Kāwhia nichts werden. Nach Tokowhās vernichtendem Urteil erlischt das Lächeln auf dem Gesicht der Frau und wir alle starren anklagend auf den Motor, der der Familie soeben den Tag verdorben hat. Die Māori bleibt, auf Hilfe wartend, am Straßenrand zurück, und wir setzen unsere Reise fort. Tokowhā versucht, die verlorenen Minuten wieder hereinzuholen, und fährt, was die engen Kurven und seine Geschicklichkeit hergeben. Auch mein Magen meldet sich mit einem lauten Knurren zu Wort, doch außer einem verrunzelten Apfel, der sich im Handschuhfach findet, habe ich ihm nichts zu bieten. Als wir in Kāwhia ankommen, ist es Mittag. Die Straßen sind mit Autos zugeparkt und vor dem Eingang hat sich bereits eine lange Schlange gebildet. Alkohol und Nikotin sind auf dem Gelände tabu. Raucher, die die nächsten Stunden ohne eine Zigarette nicht überleben können, zünden sich schnell noch eine an, bevor sie sich in das Getümmel stürzen. Händler bieten Holzschnitzereien und Schmuck an und irgendwo flattern bunte Sarongs im Wind. Doch meine Augen verweilen nur kurz an den Verkaufstischen, bleiben stattdessen an den Gesichtern der Besucher hängen. Gesichter, so ausdrucksstark, so individuell und vom Leben geprägt, dass ich fast den eigentlichen Zweck meines Besuches vergesse. Ich folge Tokowhā, der sich zielsicher einen Weg durch die Menschenmenge bahnt und vor einer überdimensionalen Speisekarte stehen bleibt. Mir fliegen Begriffe wie „Hāngi", „Toroi" „Pikopiko", „Rēwena bread", „Kina" und „Kaanga wai" um die Ohren.

Bei Kaanga wai, auch „rotten corn" genannt, handelt es sich um ein ganz besonderes Gericht. Es bezeichnet Maiskolben, die monatelang im Wasser vor sich hinvegetieren, bis sie schließlich vergären. Diese Art der Herstellung lässt bereits den Geruch der Speise erahnen. Unerfahrenen wird empfohlen, sich die Nase zuzuhalten, bis sie das Kaanga wai in den Mund befördert haben. Das Gericht, das vor allem von den älteren Māori gerne gegessen wird, stammt aus der Zeit, in der die Essensvorräte ausschließlich durch Einlegen oder Trocknen haltbar gemacht wurden. Das Angebot an Māori-Kai ist so groß, dass ich mich nicht entscheiden kann. Tokowhā kann meine Unentschlossenheit nicht länger mit ansehen und ordert kurzerhand ein Hāngi für mich. Für einen Vegetarier nicht unbedingt die beste Wahl. Wir suchen uns einen schattigen Platz unter den großen Bäumen und ich krame verstohlen in dem aus Bananenblättern geflochtenem Körbchen nach der Gemüseeinlage und dem frittierten Brötchen. Während ich an einem Stück Süßkartoffel knabbere, nehme ich mir vor, mich später noch durch das reiche Angebot an Süßspeisen zu kosten.

Die Suche nach dem passenden Kai hat meinen Māori-Guide müde gemacht, und er streckt sich unter einem Baum aus, um sich ein wenig auszuruhen. Die Stimmung ist entspannt. Der Reggae-Sound der Live-Band klingt herüber, und von der Hafenbrücke her vernehme ich das Lachen der Kinder, die sich zur Abkühlung ins Meer stürzen. Besucher, die nicht dem Müßiggang frönen wollen, versuchen sich im Flachsweben, Holzschnitzen und Umhangmachen. Ich dagegen bin immer noch auf der Suche nach dem richtigen Kai. Wie erwartet werde ich bei den Desserts fündig. Wassermelone mit Eiscreme und eine Portion gedämpfter Pudding mit Vanillesoße, sollen es sein. Der Andrang an den Ständen ist groß, doch mein Verlangen nach den Köstlichkeiten lässt mich zu einem geduldigen Menschen werden. Als ich dem Gedränge entkomme, ist das Meer schon wieder dabei die sumpfigen Pfützen aufzufüllen, die es bei seinem Weggang vor ein paar Stunden hinterlassen hat. Ich mache es mir mit meinem Kai im Schatten gemütlich und schon nach wenigen Minuten gesellt sich eine Schar Möwen zu mir. Heftige Kämpfe entbrennen um die paar Brocken, die ich spendiere, und sekundenschnell verschwinden diese in den dürren Hälsen. Zu Genuss scheinen die Vögel nicht in der Lage zu sein. So als wollte ich den gierigen Tischgenossen eine Lektion erteilen, zelebriere ich mein Kai und erfreue mich an jedem Bissen. Ja, das Leben ist schön, vor allem, wenn man das richtige Kai gefunden hat.

6

Tikanga – Die Art der Māori, Dinge zu tun

In jeder Kultur gelten Anstandsregeln und Protokolle, die es zu beachten gibt und die den Ablauf von Ereignissen sowie das Verhalten des Einzelnen diktieren.

In der Māori-Kultur werden die meisten Aspekte des Lebens von einer Begrifflichkeit geregelt, die „Tikanga“ genannt wird. Tikanga wird von dem Wort „Tika“ abgeleitet, was "richtig“ oder „korrekt“ bedeutet. Im Allgemeinen bezeichnet Tikanga die Art und Weise, wie die Māori Dinge tun. Das Konzept von Tikanga durchdringt alle Aspekte des Lebens. Es legt den Verhaltenskodex für alle Lebenssituationen fest, von der Interaktion mit Menschen, der Vorbereitung von Medizin, dem Sammeln von Lebensmitteln, dem Bau von Marae bis hin zum Umgang mit Verstorbenen. Um in Übereinstimmung mit Tikanga zu handeln, verhält man sich auf eine Art und Weise, die kulturell passend und angebracht ist.

Tikanga basiert auf den Erfahrungen und dem Wissen der Vorfahren. Die Grundprinzipien des Konzepts bestehen aus dem Erbe der Māori, das Liebe, Achtung und gegenseitigen Respekt füreinander zum Ausdruck bringt. Die Grundlage von Tikanga entspricht dem Weltbild der Māori und gründet sich auf Logik und gesunden Menschenverstand. Tikanga ist kein theoretisches Konzept, es wird, symbolisch gesprochen, auf das Herz geschrieben und wird dadurch ein integraler Bestandteil jedes Stammesmitglieds.

Tikanga ist das, was die Māori von anderen Völkern unterscheidet. Allerdings wurde Tikanga in den letzten Jahrhunderten oft von den Ansichten anderer Kulturen verwässert und von westlichen Einstellungen, christlichen Idealen und östlicher Philosophie beeinflusst.

Gastfreundschaft – eine zentrale Eigenschaft

Das Leben der Māori ist von der steten Fürsorge für die Familie, die Verwandten und ihre Gäste geprägt. Daher verwundert es nicht, dass das Erweisen von Gastfreundschaft in der Māori-Kultur eine zentrale Rolle spielt. Der Begriff, den die Māori dafür verwenden, lautet Manaakitanga.

Manaakitanga ist ein wichtiger Teil von Tikanga und benennt ein Konzept, das die warme und respektvolle Weise beschreibt, mit welcher man Besucher begrüßt, sich um sie kümmert und in die eigene Kultur einlädt. Manaakitanga definiert sich durch Liebe, Gastfreundschaft, Großzügigkeit und dem Erweisen von Respekt.

Für die Māori ist es wichtig, dass sich Besucher mit Zuneigung und Dankbarkeit an Begegnungen oder Unternehmungen mit ihnen erinnern. Diese Haltung basiert auf der Überzeugung, dass das persönliche Mana (Ansehen) aufgewertet wird, wenn man Gäste so empfängt, als ob sie Teil der eigenen Familie wären. Besucher wiederum können durch respektvolles Verhalten, das sie ihren Gastgebern und dem Land entgegenbringen, ihr eigenes Mana erhöhen.

Aroha mai, aroha atu
Love received, love returned

7

Mana – Eine besondere Kraft

In unserer heutigen Gesellschaft genießen zumeist die Menschen Respekt und Ansehen, die eine gehobene berufliche Position innehaben, sich Statussymbole leisten können und eine Menge Geld auf ihrem Bankkonto haben.

Wenn es in der Welt der Māori darum geht, das Ansehen einer Person zu beurteilen, dann spielen Faktoren wie Reichtum und Besitztümer keine Rolle, da in der Māori-Gesellschaft ganz andere Aspekte relevant sind.

Der zentrale Begriff, der in der Māori-Gesellschaft mit dem Thema Ansehen und Respekt verbunden ist, ist „Mana". Mana ist kein theoretisches Konzept, sondern ein lebendiger Teil der traditionellen Maori-Welt, der durch die aktive Ausübung von Tikanga (der Art der Māori, Dinge zu tun) aufrechterhalten wird.

„Mana" wird mit Autorität, Kontrolle, Einfluss, Prestige, Kraft oder Macht in Verbindung gebracht. Überdies wird „Mana" als eine übernatürliche Kraft beschrieben, die in einer Person, einem Platz, einer Sache oder einem Geist innewohnt.

In der Māori-Welt hat Mana viele Facetten und kann die Macht und Autorität sein, die jemand erhält, weil er dafür bekannt ist, seinen Standpunkt klar darzulegen. Es kann auch das Charisma oder die Aura sein, die einen Menschen umgibt, und ihm Mana verleiht.

In der Māori-Kultur werden drei verschiedene Arten von Mana unterschieden:

Mana durch Geburt

Diese Form des Mana beruht auf der Stellung der Eltern, Großeltern oder Urgroßeltern und kann bis zu den Vorfahren zurückreichen, die als eine der ersten mit ihrem Kanu nach Neuseeland Aotearoa gekommen sind. Basierend auf familiären Banden, kann Mana auch damit in Verbindung gebracht werden, ein Nachkomme von Familienmitgliedern zu sein, die für bestimmte Taten bekannt sind. Dabei kann es sich auch um Eigenschaften oder Fähigkeiten handeln, für die sich bereits die Vorfahren ausgezeichnet haben.

Mana, das Menschen verleihen

Nur weil jemand aus einer besonders angesehenen Familie stammt, bedeutet das jedoch nicht automatisch, dass er bei anderen sehr angesehen ist. Das Mana, mit dem eine Person geboren wurde, hebt eine Person ab, wodurch vielleicht gewisse Erwartungen auf ihr ruhen.

Jedoch wird das Mana ausschließlich durch Worte, die von dazugehörigen Taten untermauert werden, aufrechterhalten und verbessert. Durch dieses Handeln wird man von anderen als ehrlich, zuverlässig und vertrauenswürdig wahrgenommen. Erweist man sich als unzuverlässig und unehrlich, dann mögen sich die Menschen fragen, ob sich die Familie und die Vorfahren ebenfalls durch diese negativen Eigenschaften ausgezeichnet haben. Das kann dazu führen, dass das eigene Mana und auch das der Vorfahren, geschwächt wird.

Mana, das eine Gruppe auszeichnet

Auch Gruppen einer Familie, eines Clans oder eines Stammes können sich durch ihr Mana hervorheben. Das trifft vor allem auf die Menschen zu, die zu einem Marae gehören (tangata whenua) und die Gäste auf dem Maraegelände empfangen. Für die Māori ist es wichtig, Besuchern, die auf einem Marae zu Gast sind, vortreffliche Gastfreundschaft zu erweisen. Wenn ein Māori in der Welt der Europäer eine eher mindere Tätigkeit verrichtet, dann ist das in der Welt der Māori völlig belanglos, da das Mana dieser Person nicht vom

Die Bridal Veil Falls stürzen am Pakoka River in der Waikato Region 55 Meter in die Tiefe, Nordinsel

Reichtum bestimmt wird, sondern von dem, was sie im Marae für die anderen tut. Wenn diese Person z. B. im Marae anlässlich einer Versammlung die anwesenden Menschen bekocht, dann ist sie dort genauso hoch angesehen, wie jemand, der im Marae spricht oder die Gäste willkommen heißt. Wenn die Gäste abreisen und von der Gastfreundschaft, die ihnen zuteilwurde, lobend sprechen, dann wird das Mana des Marae und der dort ansässigen Menschen erhöht. Wenn die Besucher eine mangelhafte Gastfreundschaft beklagen und anderen davon berichten, dann wird das Mana entsprechend gemindert. Hier gilt die Regel: „Da ist kein Mana in erlesenen Worten, wenn die Gäste während ihres Besuchs im Marae hungrig bleiben."

Mana zeigt sich in Demut

Bei den Māori ist Demut eine hochgeschätzte Eigenschaft und kein Māori der Mana besitzt, wird sich selbst loben. Das Mana eines Menschen erhöht sich niemals durch Eigenlob, sondern ausschließlich durch die Anerkennung anderer Menschen.

Treffend wird dies durch das nachfolgende Māori-Sprichwort verdeutlicht, das lautet:

„Die Süßkartoffel spricht nicht über ihre eigene Süße."

Tapu und Noa

Während in früheren Zeiten das Ansehen, die Ehre und damit die gesellschaftliche Stellung eines jeden Kriegers durch sein Mana bestimmt wurde, regelten die Begriffe „tapu" und „noa" den Handlungsraum eines jeden Māori. Der korrekte Umgang mit Tapu und Noa war stets lebensentscheidend, ganz gleich, ob es um den Bau eines Kanus oder eines Hauses, das Zubereiten von Speisen oder die Kriegsführung ging.

Tapu gilt als die stärkste Kraft im Leben der Maori und bedeutet übersetzt „heilig". Der Begriff wird mit dem Leben, der Unsterblichkeit, maskulinen Gegenständen sowie mit Frauen von höchstem Rang in Verbindung gebracht. Dinge oder Örtlichkeiten die Tapu waren, durften nicht berührt oder besucht werden. Das Übertreten von Tapu konnte Krankheit, psychische Erkrankung oder gar den Tod nach sich ziehen.

Noa ist das Gegenteil von Tapu und bedeutet „gewöhnlich", „unheilig" oder „frei von tapu". Noa wurde als negative Kraft betrachtet, die mit Tod und femininen Gegenständen oder Dingen in Verbindung gebracht wurde.

8

Kurzporträts – Aus dem Leben gegriffen

Die Ankunft der Europäer in Neuseeland hat die Māori vor viele Herausforderungen gestellt. Sie mussten Niederlagen, Belastungen und Widerstände erleben und waren gezwungen, Wege zu finden, sich der neuen Kultur anzupassen, ohne ihre eigene zu verlieren.

Nachfolgend habe ich einige Lebensporträts aufgezeichnet, die von Māori erzählt werden, deren Herzenswunsch es war, im Einklang mit ihrem kulturellen Erbe eigene Ziele zu verwirklichen. Jedes Kurzporträt beginnt mit einem Pepeha, einer kurzen Abhandlung der Genealogie, die Herkunft und Zugehörigkeit zeigen und ein Zeichen der Identität jedes einzelnen sind.

Ūekaha Tāne Tinorau

Pepeha

Mein Kanu ist Tainui
Mein Fluss, Waitomo
Mein Berg ist Ōwhawhe
Tokikapu ist mein Marae
Mein Volk Ngāti Ūekaha
Mein Vorfahre Hoturoa
Wahanui und Inuwai sind meine Eltern
Mein Name ist Ūekaha

“Ich kam im Jahr 1948 im Haus meiner Eltern in Kinohaku, einem sehr isolierten Ort in der Nähe der Küstenstadt Kāwhia, zur Welt. Ich war Kind Nummer 14, und wenn alle überlebt hätten, dann wären wir 18 gewesen. Da ich halb tot geboren wurde, musste ich die ersten Jahre um mein Überleben kämpfen. Aufgrund von Tuberkulose und anderen Erkrankungen brachte ich lange Zeit im Krankenhaus zu. Aufgrund dessen beschlossen meine Eltern im Jahre 1952 nach Waitomo, in die Zivilisation, zu ziehen.

Mein Vater baute unser Haus, kaum größer als eine Doppelgarage und da es weiß gestrichen war, sah es aus wie eine Gefriertruhe. Unsere Toilette befand sich unten am Hügel inmitten von Pflaumenbäumen. Zuhause aufzuwachsen bedeutete, dass mich oft Schamgefühle plagten. Es war mir unangenehm, in einem “Stinkhaus“ zu leben, denn das war es im wahrsten Sinne des Wortes. Da wir keine Elektrizität hatten, verwendeten meine Eltern die traditionellen Methoden unseres Volkes, um unser Essen zu konservieren. Entweder wurde es in der Erde vergraben, getrocknet oder eingemacht. Der Geschmack dieser Speisen war unbeschreiblich delikat, und der Geruch, der permanent durch unser Haus zog, hätte einen wilden Stier verjagen können! Mir war das alles sehr peinlich, und niemals hätte ich einen meiner europäischen Freunde zu uns nach Hause eingeladen. Kam doch mal zufällig und ahnungslos einer vorbei, dann war er auch schnell wieder verschwunden. Mit 13 verliebte ich mich in ein reizendes europäisches Mädchen. Sie war meine Traumprinzessin und ihr Vater war der Rektor an unserer Schule. Als wir eines Abends nichts ahnend unseren vergorenen Mais und eingemachte Seeigel aßen, kamen die beiden bei uns vorbei.

Wie es bei uns Māori Brauch war, lud meine Mutter die Besucher zum Essen ein. In dieser Nacht starb ich fast vor Scham. Doch wo hätte ich mich verstecken sollen in einer Küche die kaum größer war als eine Schuhschachtel? Nach diesem Vorfall verlor ich jegliches Selbstwertgefühl und stürzte in eine Identitätskrise. Ein Māori zu sein war mir zuwider und die Umstände, unter denen ich aufwuchs trugen dazu bei, dass ich mich schämte, mich als Māori zu identifizieren. In der Welt der Weißen gab es kostspielige Farmen, Häuser und Autos. Im Vergleich dazu hatten wir auf unserem Land Unkraut, wuchernde Beeren und Stechginster. Unser Haus stank, wir hatten Zuckersäcke, die uns als Teppiche dienten und eine aromatische Toilette, die mit Schusslöchern verziert war.

Seither sind viele Jahre vergangen und die Fähigkeit, mit Bescheidenheit und mit positiven Erinnerungen auf meine Jugend zurückzublicken, hat sich im Laufe der Jahre bei mir eingestellt. Mittlerweile sind die vielen Erfahrungen meiner Kindheit wertvolle und geliebte Schätze, die mir von meinen Vorfahren überliefert wurden. Ich bin Ūekaha, vom Stamm Ngāti Ūekaha. Ich stehe, ich grüße, ich weine und da ist Leben!”

Leilani Rickard

Pepeha

Te Arawa ist das Kanu meiner Vorfahren
Mein Volk ist Te Arawa
Te Arawa ist auch das Land,
das sich von Maketu bis zum Berg Tongariro ausbreitet
Matawharua ist mein erhabener Berg,
denn von diesem Fels spricht Pikiao
Kaituna ist mein Fluss, der bei Maketu ins Meer fließt
Hohowai ist das Marae, mit dem ich verbunden bin
Te Takinga ist das Haus meiner Vorfahren, soll es immerdar bleiben
Leilani Rickard, geborene Grant, ist mein Name
Möge die Lebenskraft herrschen!

„Seit vielen Jahrzehnten ist Harakeke Teil meines Lebens und es vergeht kaum ein Tag, an dem ich nicht damit arbeite. Kurz nach meiner Ausbildung zur Weberin habe ich damit begonnen, mit traditionellen Mustern zu arbeiten und als Designerin kreative und zeitgenössische Entwürfe zu erschaffen. Wenn ich neue Modelle entwickle, lasse ich mich gerne von der Vorstellung inspirieren, wie unsere Vorfahren die unterschiedlichen Materialien genutzt haben.

Ich war schon immer sehr modebewusst und liebe es, meine Fantasie und meine Kreativität durch meinen Kleidungsstil auszudrücken. Ich denke gerne über den Tellerrand hinaus und kreiere Mode, die einzigartig ist und mein Māori-Erbe repräsentiert.

Mein Weg auf die Catwalks der Modewelt begann im Jahr 2007, als ich beauftragt wurde, sechs Outfits für den Icon Room der New Zealand Fashion Show zu designen. Die Darbietung war ein voller Erfolg! Daraufhin beschloss ich, weitere dieser anspruchsvollen Kunstwerke zu entwerfen. Ich begann mit farbenfrohen Modellen zu experimentieren, die man zu jeder Gelegenheit tragen kann.

Mit meiner Marke „Iwi Creations“ nahm ich im Jahr 2015 an der Paris Fashion Week teil. Kurz darauf habe ich mit meiner Enkelin das Label „Natura Aura“ gegründet. Der Name drückt die Verschmelzung von Wissenschaft, Natur und Mode aus, der von unserem kulturellen Erbe inspiriert wird. Im Jahr 2016 haben wir mit unseren Kreationen auf der New Zealand Fashion Week in der Established Designer Category gewonnen. Im kreativen Prozess entstehen jeden Tag neue Ideen, die von meiner Liebe zur Mode und zum Design sowie der tiefen Verbundenheit zu meinem kulturellen Erbe als Māori inspiriert sind.“

Claire Matena

Pepeha

Tūranga und Ruapehu sind meine Berge
Ōngarue und Whanganui meine Flüsse
Tainui und Aotea das Kanu meiner Vorfahren
Leslie Matena und Pare Otimi sind meine Eltern
Mein Name ist Claire Matena
Ich komme aus Taumarunui

"Ich wurde in eine Generation hineingeboren, in der die Māori-Sprache keinen hohen Stellenwert hatte. Meine Großeltern wurden bestraft, wenn sie in der Schule Māori sprachen, weshalb meine Eltern in der englischen Sprache erzogen wurden. Meine Großeltern sprachen Te Reo Māori nur, wenn wir Kinder nicht verstehen sollten, worum es in ihrer Konversation ging.

In einem Kindergarten zu arbeiten, in dem Māori die grundlegende Sprache war, half mir, meine Sprachkenntnisse zu entwickeln. Dort, wo ich wohnte, gab es in den frühen 1980er-Jahren nicht viele Möglichkeiten der Freizeitgestaltung, weshalb ich mich in die Abendschule der Hochschule einschrieb. Im Anschluss daran belegte ich an der Massey Universität weitere außerschulische Kurse in Te Reo Māori.

Die folgenden Jahre war ich eifrig darauf bedacht, meine Kenntnisse der Māori-Sprache weiter zu verbessern, da ich mir vorgenommen hatte, an der Schule Mana Tamariki Kōhanga Reo (einer Māori-Sprachschule für kleine Kinder) zu arbeiten. Im Jahr 1994 schloss ich mich zunächst der Māori-Schule Te Ataarangi an. Mit diesem Entschluss begann für mich eine wahre Entdeckungsreise der Māori-Sprache. Drei Jahre später gelang es mir dann schließlich, eine Stelle in der Schule Mana Tamariki Kōhanga Reo zu erhalten. Da dort ausschließlich Te Reo Māori gesprochen wurde, tauchte ich völlig in die Sprache ein. Der Schwerpunkt des Lehrplans liegt darin, die Entwicklung der Kinder in allen Aspekten der Māori-Kultur zu fördern. Mit dieser Tätigkeit bin ich sozusagen im "Māori-Sprachhimmel". Ich bin den Institutionen Mana Tamariki und Te Ataarangi noch heute sehr dankbar, denn ohne sie hätte ich meinen Traum nie verwirklichen können."

Meine Sprache, das Erwachen meines Seins.
Meine Sprache, das wachsende Verlangen in mir.
Die Erfüllung meines Geistes, meines Körpers und meiner Seele.

Daniel Ormsby

Pepeha

Mein Kanu ist Tainui
Ngāti Maniapoto ist mein Stamm
Mein Berg ist Pirongia
Mein Fluss ist Waipā
Kaputuhi ist das Versammlungshaus meiner Vorfahren
Ōtorohanga ist der Ort, aus dem ich komme
Daniel Ormsby ist mein Name

„Die Māori-Kunst ist meine große Leidenschaft, denn durch diese Tradition habe ich meinen Platz und meine Bestimmung im Leben gefunden. Das Schaffen von Kunstwerken ist für mich nicht nur ein Beruf, es ist für mich mit Freiheit, Hingabe und dem Erreichen von Zielen gleichzusetzen. Meine Arbeit befriedigt mich und hat mich gelehrt, einen offenen Geist zu bewahren und mich stets anzustrengen.

Mit der Ausübung der Māori-Kunst ist eine große soziale Verantwortung verbunden, denn traditionsgemäß ist es die Aufgabe des Schnitzers, die Stammesgeschichte, das Whakapapa sowie religiöse und spirituelle Glaubensansichten zu bewahren und aufzuzeichnen. Dieser Rolle bin ich mir stets bewusst. Ich bin mir aber auch immer der Kultur und des Erbes gewahr, das ich repräsentiere, wenn ich meine Kunst erschaffe oder öffentlich präsentiere.

Das trifft vor allem auf die Kunst des Ta Moko zu. Jemanden mit Körpersymbolen zu schmücken, die ihn ein Leben lang begleiten werden, hat einen immensen Einfluss auf die Seele dieses Menschen.

Als Māori-Künstler werden meine Erfolge auch gleichzeitig die Erfolge meiner Familie, meines Stammes und meiner Kultur. Die Zufriedenheit, die ich durch meine Arbeit erlange, ermöglicht es mir, meine positive Einstellung an andere weiterzugeben. Durch mein Tun möchte ich ein Bindeglied zwischen der Vergangenheit, der Gegenwart und der Zukunft sein und damit das reiche Erbe genauso hinterlassen, wie ich es einst erhalten habe."

9

Te Reo Māori – Eine lebendige Sprache

Die Sprache ist ein wichtiger Bestandteil der Kultur eines Volkes. Das Recht, sich in seiner Sprache auszudrücken, ist das unschätzbare Gut der individuellen Freiheit des Einzelnen. Jede Sprache, die auf dieser Erde gesprochen wird, ist das kostbare Vermögen eines Volkes und stellt das Band dar, das uns mit unserer menschlichen Geschichte verbindet.

Die Sprache erreichte Neuseeland etwa im Jahr 1350, als die ersten polynesischen Einwanderer ihre Kanus an Land zogen. Die frühen Māori verfügten allerdings über keine geschriebene Sprache. Wissenswertes wurde in Schnitzereien, in Webarbeiten oder Liedern kommuniziert und ausgedrückt, und so von einer Generation an die andere weitergegeben.

Bereits im Jahr 1814 unternahmen nach Neuseeland eingewanderte Missionare die ersten Versuche, die Māori-Sprache niederzuschreiben. Die Alphabetisierung und die Fähigkeit zu Rechnen waren zwei neue Konzepte, die von den Māori begeistert aufgenommen wurden.

Wie funktioniert Te Reo Māori?

Im Māori-Alphabet werden fünf Vokale verwendet:

a, e, i, o, u

Da der Unterschied zwischen langen und kurzen Vokalen oft eine unterschiedliche Bedeutung des Wortes zur Folge hat, werden die langen Vokale durch ein Makron, einen waagrechten Strich über dem Buchstaben, gekennzeichnet:

ā, ē, ī, ō, ū

Bei den Konsonanten gibt es acht einfache Buchstaben:

h, k, m, n, p, r, t, w

und zwei zusammengesetzte, sogenannte Digraphen:

ng und wh,

„ng“ wird wie in dem Wort „Angel“ ausgesprochen, wobei das „g“ stumm bleibt, während „wh“ wie das „f“ in dem Wort „Fisch“ gesprochen wird.

Zu erwähnen sind noch die Diphthonge (Doppellaute):

ai, ae, ao, au, oi, ou

Interessant ist Te Reo Māori vor allem wegen der häufigen Benutzung des Passivs. Sagen wir in Deutsch: „Ich habe die Kartoffel gegessen“, so lautet die wortgetreue Übersetzung aus der Māori-Sprache: „Wurde von mir gegessen, die Kartoffel.“

Ein Volk ohne Sprache

Zu Beginn des 19. Jahrhunderts war Te Reo Māori die vorherrschende Sprache in Aotearoa. Die Māori beteten ihre Götter auf Te Reo Māori an und Te Reo Māori war die Sprache des Marae. Selbst für Regierungsbeamte und Missionare aus den Reihen der Pākehā-Europäer war es nicht ungewöhnlich, Māori zu sprechen. Doch als sich in den frühen 1860er-Jahren der Anteil an Pākehā vergrößerte, kam es zu einer Wende. Zu dieser Zeit betrachtete kaum einer die Māori-Sprache als wesentliches Element, mit dem die Māori ihre Identität und ihren Stolz verbanden. In einer von der europäischen Kultur dominierten

Welt zweifelten selbst viele Māori die Relevanz ihrer Sprache an. Englisch wurde als "bread-and-butter language" angesehen, als die Sprache, die die Familie ernährte. "Korero Pākehā!" (sprich Englisch!) war die Devise unter der Māori-Bevölkerung und viele Māori ermunterten ihre Kinder dazu, Englisch statt Māori zu lernen.

Vor allem in den Schulen kam es zu einer Art Umerziehung, wobei die Relevanz der europäischen Kultur gestärkt und die der Māori-Kultur systematisch unterminiert wurde. Māori-Kinder wurden in europäische Schuluniformen gesteckt und sollten auch europäisch denken. Mit der Begründung, dass die Vornamen der Māori-Kinder in der Aussprache zu

Momente der Stille an der Cable Bay, Südinsel

kompliziert seien, war man in den Schulen überdies dazu übergegangen, diese durch europäische Namen zu ersetzen. Als die englische Sprache und die europäische Kultur die Gesellschaft Neuseelands immer mehr zu dominieren begannen, schien plötzlich auch die Sprache der Māori überflüssig zu sein. Ab dem Jahr 1867 wurde Te Reo Māori in den Schulen zur geächteten Sprache erklärt und wer von den Schülern wagte die Sprache zu gebrauchen, der wurde bestraft. Um ihren Kindern das Annehmen der europäischen Kultur, die zweifellos die Zukunft der künftigen Generationen sein würde, zu erleichtern, unterließen es die Eltern, sich gegen die neueingeführten Erziehungsmaßnahmen aufzulehnen. Sie sprachen Te Reo Māori nur mehr im Geheimen und nahmen davon Abstand, ihre Kinder in den althergebrachten Bräuchen zu unterrichten. Die kulturelle Erziehung der Māori-Kinder wurde damit größtenteils den Europäern überlassen.

Im Jahr 1880 kam es schließlich so weit, dass das Sprechen von Te Reo Māori an den Schulen verboten wurde. Der Zweite Weltkrieg brachte für die Māori-Gesellschaft weitere massive Veränderungen mit sich. Arbeit gab es vor allem in den Städten, weshalb viele Māori ihr Zuhause hinter sich ließen, und damit auch einen Teil ihrer Kultur. Die Auswirkungen auf das Sprachverhalten ließen nicht lange auf sich warten. Englisch war die Sprache der Städte und war essenziell bei der Arbeit, in den Schulen und in der Freizeit. Die Anzahl an Māori sprechenden Personen nahm daher rapide ab.

Eine Zeit der Wiederbelebung

Nach vielen Jahrzehnten der Veränderungen und Anpassungen, machten sich in den 1970er-Jahren viele Māori auf die Suche nach ihrer Identität und ihren Wurzeln, weshalb auch die Sprache wieder in den Fokus rückte. Ein Blick auf die Anzahl derer, die die Māori-Sprache noch fließend beherrschten machte jedoch deutlich, dass Te Reo Māori im Aussterben begriffen war. In den 1980er-Jahren sprachen nur mehr etwa 20% der Māori-Bevölkerung die Sprache in der Form, dass man sie als Muttersprachler bezeichnen konnte. Die Verantwortlichen der Stämme wurden sich verstärkt der Gefahren bewusst, die mit dem Verlust von Te Reo Māori einhergingen, weshalb man sich darauf verständigte, Gegenmaßnahmen einzuleiten. In den kommenden Jahren wurden daher große Anstrengungen unternommen, die Sprache zu beleben. Um dem eigenen Volk sowohl Sprache als auch Kultur näher zu bringen, etablierten sich im Laufe der Jahre verschiedene Māori Radio-und Fernsehprogramme. Im Jahr 1985 wurde die erste Kura Kaupapa Māori Schule eingerichtet, in der die Kinder in Te Reo Māori sowie in den Traditionen und Werten der Māori unterrichtet werden. Zwischenzeitlich entwickelte man verschiedene Schulmodelle, wobei der Schwerpunkt stets auf der Vermittlung der Māori-Kultur liegt. Im Jahr 1986 erklärte das Waitangi Tribunal Te Reo Māori zum „Taonga", einem Schatz, der gemäß den Bedingungen des Treaty of Waitangi geschützt werden müsse. Den größten Erfolg für die Erhaltung ihrer Sprache erzielten die Māori allerdings im Jahr 1987, als Te Reo Māori neben Englisch als offizielle Sprache Neuseelands anerkannt wurde.

Die Bemühungen der letzten Jahrzehnte tragen somit Früchte. Die Māori-Kultur ist wieder ein fester Bestandteil Neuseelands geworden, was hoffentlich eine Gewähr dafür ist, dass Te Reo Māori über Generationen hinaus eine lebendige Sprache bleiben wird.

Dusky Dolphin in Kaikoura, Südinsel

Kia hora te marino,
Kia whakapapa pounamu te moana,
kia tere te Kārohirohi
i mua i tōu huarahi.

May the calm be widespread,
May the ocean glisten as greenstone,
May the shimmer of light ever dance across
your pathway.

East Coast in der Nähe von Gisborne, Nordinsel

10

Die Kunst der Māori – Ein kostbares Erbe

Das kulturelle Erbe der Māori hat sich schon immer durch die Kunst ausgedrückt. Da es bei den Māori lange Zeit keine geschriebene Sprache gab, war die Kunst das Mittel um erlangtes Wissen weiterzugeben und das Vermächtnis der Vorfahren sowie ihre Geschichte zu bewahren. Noch heute werden die überlieferten Symbole in aufwendige Kunstwerke integriert und bereiten so dem Künstler, seinem Stamm und seinen Vorfahren Ehre.

Die künstlerische Aktivität kann sich in Form des Schnitzens, Webens, Malens oder Tätowierens ausdrücken. Es gibt Māori, die sich auf das Spielen alter Musikinstrumente, sogenannter Taonga pūoro, konzentriert haben, andere sind in Tanzgruppen tätig, komponieren Lieder oder gehen der geschätzten Kunst des Geschichtenerzählens nach.

Tā Moko – Eine Kunstform mit Geschichte

Was dem Besucher in Neuseeland zumeist bei den Māori auffällt, das sind die aufwendigen Tätowierungen (tā moko), die viele Männer auf ihren Armen, Schultern, oder auf den Schenkeln tragen. Die Muster sind oft großflächig und scheinen geradezu darauf ausgerichtet zu sein, immer mehr von der Haut des Trägers zu vereinnahmen. Bei den Frauen sind die Tätowierungen gewöhnlich dezenter und kleiner, befinden sich auf dem Rücken, den Beinen, den Armen oder den Händen. Immer häufiger trifft man Māori-Frauen, deren Lippen tätowiert sind, und die auf dem Kinn wunderschön gestaltete Muster tragen, sogenannte Moko Kauae.

Seit Anbeginn ist das Tā Moko bei den Māori eine weitverbreitete Art des Körperschmucks. Bereits die ersten Europäer, die neuseeländischen Boden betraten und Kontakt mit der indigenen Bevölkerung hatten, bestaunten die vielfältigen Ornamente auf deren Haut. Der Gedanke der eigenen Verschönerung spielte bei den Kriegern dabei allerdings nur eine geringe Rolle. Die Tätowierung war in erster Linie eine Art Identifikationskarte, an der die Stellung, die Abstammung und die bisherigen Errungenschaften des Trägers abzulesen waren. In der Konfrontation mit dem Feind diente die Gesichtstätowierung auch dazu, dem Gegenüber Furcht und Respekt einzuflößen.

In früherer Zeit war das Tätowieren ein äußerst schmerzhafter Prozess, der mit der heutigen Methode in keiner Weise zu vergleichen ist. Während des Tätowierens wurden verschiedene Meißel (uhi) verwendet, die aus Albatrosknochen oder Haizähnen hergestellt wurden. An dem Knochenmeißel wurde ein Griff befestigt und mit einem leichten Hammer wurde das Muster in die Haut geschnitten. Um die Form sichtbar zu machen, wurde das Werkzeug in verschiedenfarbige Pflanzenpigmente eingetaucht und in die offene Haut eingebracht. Wegen dieser Methode wurde das frühere Tätowieren mit dem „Schnitzen in die Haut“ verglichen.

Whare Tangata – „Haus der Menschheit“ von Daniel Ormsby, Waitomo

Doch nicht nur das Tätowieren war schmerzhaft, auch der Heilungsprozess war mit Leid verbunden. Von den Kriegern wurde erwartet, die damit einhergehenden Qualen souverän und mit stoischer Ruhe zu ertragen. Während der Heilung wurden die Krieger unter das Gesetz des Tapu (heilig) gestellt. Dadurch war es ihnen nicht erlaubt, Essen, das als profan angesehen wurde, zu berühren, sodass sie von anderen versorgt werden mussten. Die Heilung der Haut war zeitintensiv und die Bildung von Narben war eine natürliche Konsequenz dieser Tätowiermethode. Ausführender der Tā Moko-Kunst war ein Fachmann, der sogenannte Tohunga Tā Moko der in der Gemeinschaft ein hohes Ansehen genoss. Bevor der Tätowierer mit seiner Arbeit begann, studierte er sorgfältig die Knochenstruktur der zu tätowierenden Person, um so das perfekte Design zu entwickeln.

Ein Gefährte fürs Leben

Wenn sich ein Māori mit dem Gedanken an ein Tā Moko trägt, dann ist diese Entscheidung lange gereift und oftmals auf ein einschneidendes Ereignis im Leben zurückzuführen. Kein Māori der seine Kultur ernstnimmt, wird sich leichtfertig für ein Tā Moko entscheiden, denn er ist sich stets der Verantwortung bewusst, die er damit auf sich nimmt. Daher wird dieser Wunsch auch immer von den Familienangehörigen mitgetragen.

Besonders hohe Anforderungen werden an den potenziellen Empfänger und an den Tätowierenden gestellt, wenn es um das Ansinnen geht, das Gesicht mit einer Tätowierung schmücken zu lassen. Die Gesichtstätowierung ist eine besondere Auszeichnung, die in der Regel nur ausgewählten Māori zuteilwird. Zumeist haben sich diese Personen bei der Bewahrung der Māori-Kultur besonders verdient gemacht. Diese Art der Tätowierung darf deshalb auch nur von jemandem ausgeführt werden, der über die erforderliche Qualifikation, das entsprechende Wissen und die dafür notwendige Autorität verfügt.

Das Design des Tā Moko wird von dem Tätowierer individuell gestaltet. In einem persönlichen Gespräch versucht dieser zunächst, herauszufinden, welchem Zweck die Tätowierung dienen soll. Jede Linie, jedes Symbol, jedes noch so kleine Detail des Tā Moko erzählt eine Geschichte, die zusammengefasst das individuelle Whakapapa, die Genealogie des Trägers, darstellt. Das Tā Moko wird somit ein wesentlicher Teil dieses Menschen, es lebt und stirbt mit ihm.

So fasziniert die europäischen Einwanderer zunächst von dem Körperschmuck der Māori waren, so entschieden lehnten sie ihn nach einiger Zeit ab. Im Jahr 1907 wurde das Tragen des Tā Moko verboten. Diese Einschränkung war ein weiterer Schritt der Herabsetzung der Māori-Gesellschaft. Der Reichtum der Māori-Kultur liegt zweifellos in seinen Menschen, denen es in den vergangenen Jahrzehnten wieder gelungen ist, stolz auf ihr Erbe, ihre Traditionen und ihre Abstammung zu sein. Auch das Tā Moko hat wieder seinen rechtmäßigen Platz in der Māori-Gesellschaft gefunden und ist wieder das, was es ursprünglich war, ein Zeichen von Stolz auf die eigene Herkunft.

Pounamu – Geschätzte Kostbarkeiten

Jedes Land dieser Erde verfügt über seine eigenen natürlichen und wertvollen Ressourcen, die von den Einheimischen zu verschiedenen Zwecken genutzt werden. Eine dieser Kostbarkeiten, die von höchster Qualität in Neuseeland Aotearoa beheimatet ist, wird von den Māori Pounamu (Greenstone) genannt. Dieser zunächst unscheinbar wirkende Stein, der in Flüssen zu finden ist, wurde von den Māori früher zu Werkzeugen, Waffen und Schmuckstücken verarbeitet.

Heute wird Pounamu in großem Maße zur Schmuckherstellung verwendet und fast jeder der Neuseeland schon einmal besucht hat, hat die kunstvoll geschnitzten Anhänger bewundert, die daraus gefertigt werden. Für Māori ist Pounamu äußerst kostbar, weshalb er als Schatz (taonga) betrachtet wird. Man glaubt, dass der Stein Macht und Ansehen in sich trägt, weshalb Schmuckstücke aus Pounamu hochgeschätzte Erbstücke sind.

Traditionelle Māori-Designs verfügen über eine starke geistige und symbolische Bedeutung und je mehr man über die einzelnen Zeichen weiß, umso mehr gewinnen sie an Wert. Die Symbole stehen in Zusammenhang mit Mythen und der traditionellen Lebensweise der Māori und werden außerdem mit gewissen menschlichen Eigenschaften in Verbindung gebracht. Schmuckstücke aus Pounamu sollten daher mit Respekt getragen werden. Verschenkt oder empfängt man sie, dann sollte dies mit Liebe und Zuneigung geschehen.

Pā Harakeke Pureora Forest Park, Nordinsel

Piupiu-Tanzrock und Cape aus Harakeke von der Künstlerin Leilani Rickard vom Stamm Te Arawa

Hei Mātau

Hei Mātau

Gemäß der Māori-Mythologie fischte Māui die Nordinsel Neuseelands mit einem Angelhaken aus dem Ozean. Der Hei Mātau (Angelhaken) dient der Förderung der persönlichen Stärke und Willenskraft sowie der Sicherung des Wohlstands und ist überdies Symbol für eine sichere Reise über das Wasser.

Koru

Koru

Der Koru (Spirale), der ein sich öffnendes Farnblatt darstellt, symbolisiert den Neuanfang, den Beginn neuen Lebens sowie die Hoffnung auf die Zukunft. Der Koru ist ein Zeichen für Frieden, Harmonie und persönliches Wachstum und bildet das liebevolle Verhältnis innerhalb einer Familie ab.

Pikuroa

Pikuroa

Der Pikuroa (Twist) stellt die vielen Wege des Lebens und der Liebe dar und wird als das ursprüngliche Symbol der Ewigkeit angesehen. Er versinnbildlicht die Macht der Bindung und Freundschaft, der tiefen Loyalität sowie der immerwährenden Liebe.

Parāoa

Für die Māori ist der Wal (parāoa) das bedeutendste Tier der Schöpfung und versinnbildlicht Schutz, Stärke und Vertrauen. Das Zeichen symbolisiert die Freundschaft und Verbundenheit, die zwischen den Māori und den Meeressäugern besteht, und drückt ihren Respekt für das Meer und die Natur aus. Für Reisende gilt die Walflosse als Glücksbringer für eine sichere Überfahrt.

Parāoa

Manaia

Das Manaia ist ein übernatürliches Fabelwesen. Es hat den Kopf eines Vogels, den Körper eines Menschen und den Schwanz eines Fisches und stellt den Boten zwischen der irdischen und der sterblichen Welt dar. Das Symbol verfügt über eine starke spirituelle Kraft und ist als der Bewahrer der geistigen Energie und der Wächter gegen das Böse zu sehen. In seiner Funktion als Schutzengel umgibt und schützt es den Träger. Es wird häufig mit drei Fingern gezeigt, die für die Geburt, das Leben und den Tod stehen. Wird ein vierter Finger dargestellt, so zeigt dieser das Leben im Jenseits an.

Manaia

Toki

Das Toki ist ein Symbol für Stärke, Macht, Entschlossenheit und Kontrolle und verkörpert die Kraft und Autorität der Männer. In seiner Form gleicht es einer Axtklinge. In früheren Zeiten war die Axt ein wichtiges Werkzeug, das das Überleben des Stammes sicherte. Traditionell wurde es aus Stein gemeißelt und als Erbstück weitergegeben.

Toki

Hei-Tiki

Das Hei-Tiki wurde schon in alter Zeit als Glücksbringer angesehen, das dem Träger innere Weisheit und klare Gedanken schenken sollte. Man glaubt, dass das Hei-Tiki den ungeborenen menschlichen Embryo darstellt. Der geneigte Kopf symbolisiert das Denken, die Hand bedeutet Stärke, der Mund Kommunikation, das Herz die Liebe und die auf die Hüften gelegten Hände sind ein direkter Hinweis auf Fruchtbarkeit. Eine andere Interpretation besagt, dass das Hei-Tiki die Zeugungskraft des Mannes symbolisiert.

Hei-Tiki

Waiata – Gesungene Botschaften

Das Singen von Waiata (Lieder) ist ein wichtiger Teil der Māori-Kultur. Traditionelle Waiata werden entweder von einem einzelnen Künstler oder von einer Gruppe ohne jegliche musikalische Begleitung dargeboten. Viele Waiata, deren Texte das Wissen und die Weisheit der Vorfahren besingen, wurden bereits vor vielen Jahrhunderten komponiert. Jeder Stamm hat sein eigenes Repertoire an Liedern, das für die Mitglieder von ganz besonderer Bedeutung ist. Es kann vorkommen, dass Waiata, die eine besonders schöne Melodie haben oder deren Texte die Gefühle eines Stammes in hervorragender Weise ausdrücken, von anderen Stämmen übernommen werden. Diese Waiata kann man als geteilte Kostbarkeiten betrachten, die zu einer Art Gemeingut werden.

Waiata waren in der Regel Wehklagen oder Schmähungen, in denen eine Botschaft übermittelt oder die tiefempfundenen Gefühle des Poeten ausgedrückt wurden. Je nach Anlass dienen Waiata dazu, die Zuhörer zu unterhalten, zu beruhigen oder zu trösten. Im Versammlungshaus werden Waiata anlässlich des Pōwhiri am Ende einer Rede dargebracht, um das Gesagte des Sprechers zu bekräftigen. Die größte poetische Kraft wurde in die Waiata Tangi gelegt, Lieder die anlässlich Beerdigungen (tangihanga) gesungen wurden. Wenn in unserer heutigen Zeit Waiata komponiert werden, dann erzählen diese von wichtigen Ereignissen, die den Stamm oder Einzelpersonen betreffen.

„Pathway to the Sunrise", East Coast, Nordinsel

Haka – Eine lebendige Tradition

Stellen Sie sich eine Horde muskulöser Krieger vor, die sich mit lautem Geschrei an die Brust und auf die Schenkel schlagen und deren stampfende Füße den Boden erschüttern. Als wäre das nicht schon furchteinflößend genug, starren die Männer mit durchdringender Wildheit und weit aufgerissenen Augen auf ihr Gegenüber, wobei sie wie Eidechsen züngeln.

Wer noch niemals Zeuge dieses Schauspiels wurde, der fragt sich sicher, worin der Zweck dieser Tanzeinlage, die sich Haka nennt, besteht. So erschreckend und einschüchternd die Darbietung des Haka auf einen unerfahrenen Beobachter auch wirken mag, so ist der Haka nicht ausschließlich ein Kriegstanz. Das Wort Haka bedeutet übersetzt „tanzen" und ist eine beeindruckende Präsentation, bei der der ganze Körper zum Musikinstrument wird, um Emotionen wie Wut, Ärger, Verachtung, Trauer, Freude und Begeisterung auszudrücken.

Die Wurzeln des Haka sind in die alte Zeit eingebettet und umhüllt von einem Schleier der Mystik, der Legenden und der übernatürlichen Wesen. In der Māori-Mythologie war der Haka dazu da, das Leben als solches zu feiern und sich daran zu erfreuen. Gemäß der Legende ist Tane-Rore der Gott des Tanzes, der für seine Mutter Hine Ruamati den Haka tanzte. Die zitternde Handbewegung (wiriwiri), die Bestandteil einer Haka-Darbietung ist, symbolisiert das flirrende Licht, das sich an heißen Sonnentagen bildet und den tanzenden Tane-Rore darstellt.

Eine Form des Haka, der Haka Peruperu, wurde ursprünglich von den Kriegern unter Benutzung der Waffen vor der Schlacht aufgeführt, um den Kriegsgott Tūmatauenga zu beschwören. Der Tanz veranschaulichte die Stärke und den Mut der Kampfestruppe und half den Kriegern, sich mental auf das anstehende Gefecht vorzubereiten. Das laute Schreien hatte das Ziel, die Götter um Hilfe anzurufen. In der direkten Gegenüberstellung mit dem Feind diente der Haka vor allem der Einschüchterung. Der Haka ist ein Tanz, den sowohl Männer, Frauen als auch Kinder tanzen. Noch heute ist der Haka fest mit der Māori-Kultur verbunden. Im Marae ist die Präsentation des Haka als Teil des Pōwhiri allerdings weitgehend besonderen Anlässen, wie Besuchen von hochrangigen Würdenträgern, vorbehalten. Bei Beerdigungen wird der Haka häufig zu Ehren des Verstorbenen dargeboten. Doch auch in der Gesellschaft der in Neuseeland ansässigen Europäer hat der Haka seit vielen Jahren einen hohen Stellenwert. Bei Staatsbesuchen ist er wesentlicher Bestandteil der offiziellen Begrüßungszeremonie.

Über die Landesgrenzen hinaus bekannt wurde der Haka durch die All Blacks, Neuseelands internationalem Rugby Team, die den berühmten Haka Ka Mate vor jedem Spiel aufführen. Mit Stolz und Leidenschaft zelebrieren die All Blacks den Haka und hinterlassen so bei ihren Gegnern den Eindruck, unbesiegbar zu sein.

Der Haka Ka Mate wurde von Te Rauparaha, dem einflussreichen Kriegsführer des Ngāti Toa Stammes spontan vorgetragen, als er im Jahr 1810 nur knapp dem Tod entronnen war. Der Wortlaut dieses Haka beschreibt eindrucksvoll die Gefühle des Māori-Führers während er sich in einer Vorratsgrube befand und nicht wusste, ob er leben oder sterben würde.

Haka Ka Mate

Ringa pakia!
Uma tiraha!
Turi whatia!
Hope whai ake!
Waewae takahia kia kino!
Ā Ka mate! Ka mate!
Ka ora! Ka ora!
Tēnei te tangata pūhuruhuru
Nāna nei i tiki mai whakawhiti te rā!
Ā, hupane! Ā, kaupane!
Ā, hupane! Ā, kaupane!
Whiti te rā!

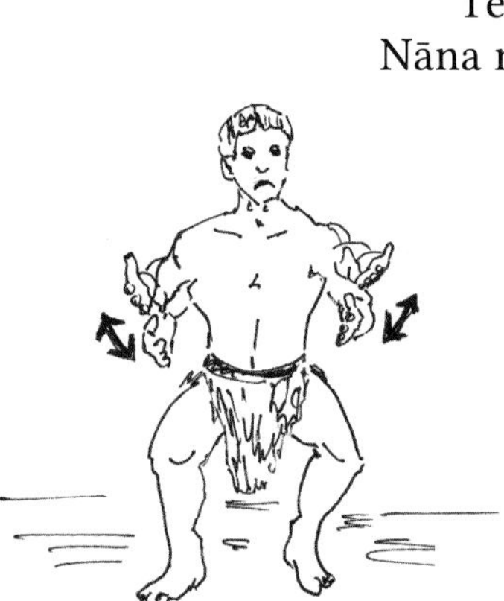

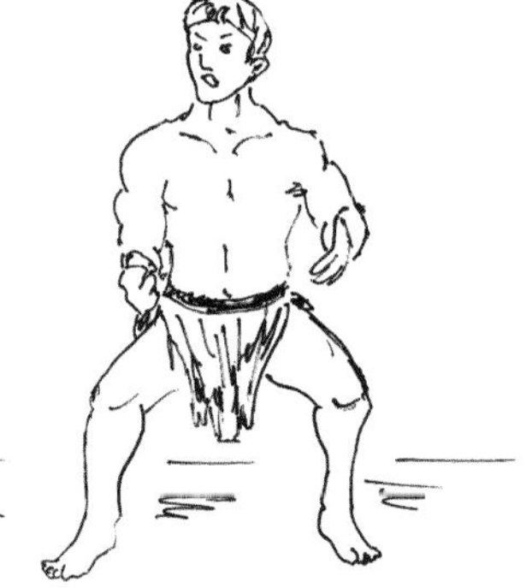

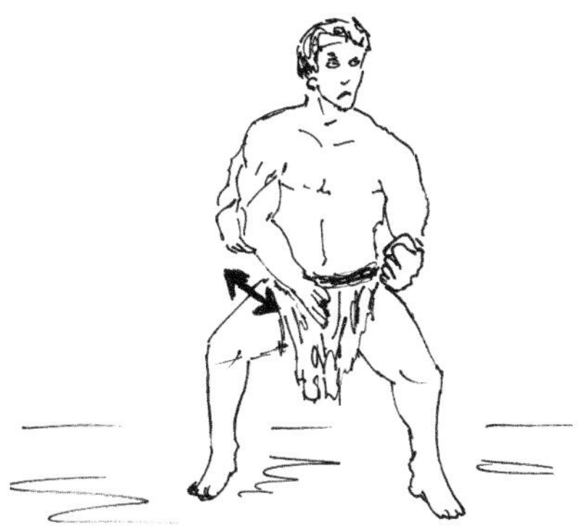

Haka Ka Mate

Schlag die Hände gegen die Schenkel!
Blähe die Brust auf!
Beuge die Knie!
Lass die Hüfte folgen!
Stampf mit den Füßen, so fest du kannst!
Das ist der Tod! Das ist der Tod!
Das ist das Leben! Das ist das Leben!
Das ist der haarige Mann,
der die Sonne gebracht hat
und sie scheinen ließ!
Ein Schritt nach oben!
Ein weiterer Schritt nach oben!
Ein Schritt nach oben!
Ein weiterer Schritt nach oben!
Die Sonne scheint!

Kapa Haka – Ein kunstvolles Zusammenspiel

Während der Haka vielen aggressiv und eher derb erscheint, betört der Kapa Haka durch seine elegante und würdevolle Ausführung. Kapa kann mit „eine Reihe bilden" übersetzt werden, Haka mit „tanzen". Der Kapa Haka fällt in Neuseeland Aotearoa in die Kategorie „Māori Performing Arts" und drückt Leben, Kraft und Vitalität aus. Jedes einzelne Element der Darbietung hat eine Bedeutung, die eng mit den gesungenen Worten verknüpft ist.

In Neuseeland finden regelmäßig Kapa Haka-Festivals statt, in denen sich Tanzgruppen im direkten Wettbewerb messen. Die Präsentation umfasst Chorgesang, Tanz und Bewegung, wobei die Körperhaltung, die Mimik, eine gute Aussprache und die synchrone Darbietung bewertet werden. Die Präsentation ist vielseitig und abwechslungsreich und von einem Moment auf den anderen kann der friedliche Gesang der Frauen von dem wilden Geschrei der Männer unterbrochen werden und umgekehrt. Die Gitarre, das Muschelhorn, die Poi (leichte Bälle an einer Schnur), diverse Waffen und die Körperpercussion bilden die Grundlage dieser mitreißenden Darbietung.

Tanzgruppe beim Kapa-Haka-Festival in Hamilton, Nordinsel

Carving von Daniel Ormsby, Waitomo

11

Rongoa Māori – Ein natürlicher Arzneischrank

Wie die meisten indigenen Völker der Erde haben sich auch die Māori vor Langem die Heilkräfte der sie umgebenden Pflanzenwelt zunutze gemacht. Der Regenwald, der noch heute ein immenses Potenzial für Medizin bietet, ist Hexenküche und Reservoir zugleich. Durch simples Ausprobieren und die daraus gewonnene Erfahrung haben sich die Māori ein unermessliches Wissen über die einheimische Flora und Fauna angeeignet. Die Arzneimittel, die aus einheimischen Pflanzen und Bäumen Neuseelands hergestellt werden, fallen unter den Begriff „Rongoa Māori" und noch heute werden von den Māori bis zu 200 verschiedene Pflanzen für medizinische und rituelle Zwecke verwendet.

In früheren Zeiten glaubten die Māori, dass das Auftreten von Krankheiten einer übernatürlichen Heimsuchung zuzuschreiben ist. Krankheiten wurden daher ganzheitlich behandelt, indem sowohl der Geist als auch der Körper, die Lebenskraft und die Seele angesprochen wurden. Mit dem Wissen um die Kunst des Heilens ausgestattet, bereitete der Tohunga (Experte seines Fachs) aus Pflanzen, Beeren, Blättern, Rinden und Wurzeln eine Vielzahl an Stärkungsmitteln und Rezepturen zu. Darüber hinaus verwendete er Beschwörungsformeln und Gebet, machte sich die Wasser-Therapie, die Dampf- und Wärmeanwendungen einschloss sowie die Anwendung von Massagen zunutze. Der Schlüssel zur Kunst des Tohunga war die Verbindung zwischen den Elementen und der Erkrankung. Eine bedeutende Rolle spielte aber auch die Genealogie des zu Behandelnden. Durch sein Wissen hatte der Tohunga die Macht über das Heilige inne, weshalb die Weisheit um die Kunst des Heilens nur an eine ausgewählte Anzahl von Stammesmitgliedern weitergegeben wurde.

Die Ernte und das Sammeln der Pflanzen wurden vom Kreislauf der Natur beeinflusst, weshalb einige der Gewächse nur zu bestimmten Zeiten im Jahr geerntet werden konnten. Doch genauso wichtig wie der richtige Zeitpunkt der Ernte war es, das Sammeln der Zutaten im Rahmen von Tikanga (Māori-Art, Dinge zu tun) durchzuführen. Durch das Beachten von Tikanga wurde gewährleistet, dass die Pflanzen keinen Schaden nahmen und auch beim nächsten Mal noch ausreichend davon zur Verfügung standen.

Wie alle anderen Bereiche der Māori-Kultur, so wurde auch Rongoa Māori von den europäischen Einwanderern klassifiziert. Über viele Jahre hinweg war es den Māori deshalb verboten, ihre traditionelle Medizin zu praktizieren, da sie von den Europäern als eine Form der schwarzen Magie betrachtet wurde. Diese Einstellung hat sich im Laufe der Jahre glücklicherweise verändert und heute wird das Wissen um die Māori-Medizin weithin öffentlich gelehrt. Nicht selten wird der Regenwald während der Kurse zur Lehrstätte erklärt, um dort vor Ort mit den Pflanzen zu arbeiten. Auf den nachfolgenden Seiten stelle ich Ihnen eine kleine Auswahl der Pflanzen und Bäume vor, die noch heute von den Māori zur Behandlung gesundheitlicher Probleme verwendet werden.

Ich möchte ausdrücklich darauf hinweisen, dass ich auf den folgenden Seiten KEINE medizinischen Ratschläge oder Empfehlungen zur Nachahmung gebe. Ich schreibe lediglich das nieder, was ich von den Māori in persönlichen Gesprächen über Rongoa Māori erfahren habe.

Harakeke

Harakeke

Durch seine Vielseitigkeit ist Harakeke für die Māori sehr wertvoll. Die Wurzeln werden geröstet und als Umschlag für Abszesse und Geschwüre verwendet. Die Blätter der Pflanze werden gekocht und als Sud zur Blutreinigung getrunken, während der Wurzelsaft zur Desinfektion von Wunden gebraucht wird. Bei Zahnschmerzen werden ein paar Tropfen des Wurzelharzes oder des gequetschten Blattes in das Loch des betroffenen Zahnes geträufelt. Harakeke genießt auch einen hervorragenden Ruf bei der Behandlung von Ekzemen und Verbrühungen.

Kawakawa

Kawakawa

Fast jeder Māori beherbergt in seinem Garten Kawakawa, der bis zu sechs Meter hoch werden kann. Den Namen trägt das Gewächs aufgrund seines bitteren Geschmacks, denn unter anderem bedeutet Kawa auf Māori „bitter“. Sammelt man Kawakawa im Regenwald, dann fällt einem zumeist auf, dass die herzförmigen Blätter von großen Insektenlöchern durchzogen sind. Diese Verzierung tut zwar der Ästhetik einen kleinen Abbruch, doch erfahrene Sammler wissen, dass man die löchrigen Blätter den unversehrten vorziehen sollte. Die kleinen Raupen der Native Looper Moth, die für die Löcher in den Blättern verantwortlich sind, sind nämlich sehr wählerisch und kauen nur auf dem Allerbesten herum. Die Māori verwenden den Blattsaft des Kawakawa innerlich zur Blutreinigung und Blutverdünnung sowie zur Entgiftung von Leber und Nieren. Eingesetzt wird der Saft auch bei Verdauungsbeschwerden, bei Husten und Bronchitis. Äußerlich werden die Blätter und die Rinde als Sud zur Behandlung von Wunden, Geschwüren, Hautkrankheiten, Verbrühungen und Verbrennungen verwendet.

Pūhā

Pūhā

Pūhā wächst in fast jedem Garten Neuseelands, wobei die Māori die Pflanze nicht nur zu medizinischen Zwecken verwenden. Bereits vor langer Zeit hat Pūhā die Māori-Küche erobert. Die Blätter und jungen Triebe werden oftmals als Salat gereicht oder dienen in gekochtem Zustand als Beilage zu Fleischgerichten. Medizinisch gesehen ist Pūhā ein wahres Wundermittel. Die Māori verwenden die Pflanze unter anderem zur Blutreinigung, bei Durchfall, Magenbeschwerden und Infektionen. Pūhā soll sich auch zur Stärkung der Leber und als Betäubungsmittel bewährt haben.

Pōhutukawa

Der Pōhutukawa ist für viele das schönste Arzneimittel im Reigen von Rongoa Māori. Der Baum, der vor allem in den Küstenregionen der Nordinsel Neuseelands beheimatet ist, zählt zur Gattung der Myrtengewächse. Der Pōhutukawa verzaubert den Betrachter während der neuseeländischen Sommermonate durch seine üppig wachsende leuchtend rote Blütenpracht. Der Pōhutukawa war bei den Māori schon immer hochgeschätzt. Der aufgekochte Extrakt der inneren Rinde, der Ellagsäure enthält, hilft bei Durchfall. Der Blütennektar kann zur Linderung bei Halsentzündungen verwendet werden. Dem Pōhutukawa kommt in der Māori-Mythologie eine große Rolle zu. Der Überlieferung nach gilt der am Cape Reinga stehende älteste Pōhutukawa Neuseelands als Eingang für die Geister der Verstorbenen auf dem Weg in ihre spirituelle Heimat Hawaiki.

Pōhutukawa

Mānuka

Der Mānuka gehört zur Familie des Teebaums und ist, was seine Umgebung anbelangt, ein anspruchsloser Zeitgenosse. Aus dem Mānukabaum werden vor allem der berühmte Mānuka-Honig sowie das wertvolle Mānukaöl gewonnen. Die federartigen Blätter des Mānuka können zur Desinfektion von Wunden verwendet werden. Ein Aufguss aus der Rinde oder den Blättern dient der Schmerzlinderung und hilft bei Erkältungen, Blasenentzündungen und anderen Infektionen. Durch das Kauen von Samen und Teilen der Jungpflanzen werden Beschwerden im Magen- und Darmbereich behandelt. Das Öl wird bei Juckreiz, Ekzemen, Entzündungen am Zahnfleisch, Akne und bei allergischen und rheumatischen Erkrankungen eingesetzt.

Manuka

12

Die Glaubenswelt der Māori

Ein Begriff, der ganz sicher nicht auf die indigene Bevölkerung Neuseelands zutrifft, ist „Oberflächlichkeit“. Die Māori sind eng mit Mutter Erde, dem Himmel, dem Meer und allem darauf Lebenden verbunden. Durch die Gesamtheit ihrer Traditionen, die jeden Aspekt des täglichen Lebens beeinflussen, den starken Bezug zu ihren Vorfahren, ihren Glaubensansichten und Legenden sowie ihren mündlichen Überlieferungen, weisen sich die Māori als überaus spirituelle Menschen aus.

Tendiert man in der westlichen Kultur zu einer offenkundigen Liebe zu materiellen Dingen, so spielt der Erwerb von Besitztümern und das Streben nach Ruhm und Ehre im Leben der Māori eine auffallend untergeordnete Rolle. Auf ihrer Entdeckungsreise in die Welt der Pākehā haben einige Māori zwar den Ruhm und den Erfolg gekostet, doch zumeist keine wahre Befriedigung darin gefunden. Die Māori wissen, dass sich wahres Glück und Erfüllung im Leben nicht durch materiellen Besitz einstellt, sondern in Verbindung mit geistigen Reichtümern steht, weshalb sie dazu neigen, großzügig mit anderen zu teilen.

Der Ursprung der Menschheit

Fast jedes Volk hat seine eigene Schöpfungsgeschichte, doch die meisten weisen gewisse Ähnlichkeiten auf, vor allem wenn es um eine mächtige Gottheit geht, die für die Schöpfung verantwortlich ist. In der Mythologie der Māori beginnt die Schöpfung mit der Trennung von Ranginui, dem Himmelsvater, und Papatūānuku, der Erdmutter. Die Geschichte besagt, dass Rangi und Papa eng umschlungen beieinanderlagen und ihre Söhne in der Dunkelheit zwischen den beiden gefangen waren. Nach langer Zeit wurden die Söhne unruhig, denn sie sehnten sich nach Licht und mehr Bewegungsfreiheit. Sie überlegten, was zu tun sei, und kamen zu dem Schluss, dass sie die Eltern voneinander lösen müssen. Ihrem Sohn Tāne gelang es schließlich, die beiden Liebenden voneinander zu trennen, und so schuf er die Welt. Tāne sehnte sich nach der Gesellschaft einer menschlichen Frau. Daher formte er aus der Erde von Hawaiki die Gestalt einer solchen, bedeckte sie mit seinem Gewand und hauchte ihr den Atem des Lebens ein. Ihre gemeinsamen Kinder waren dann die Menschen.

Bei einigen Māori-Stämmen steht über all dem Io Matua Kore, „Io, das elternlose Wesen“, das höchste göttliche Wesen, das sich durch die gesamte Schöpfung offenbart. Von ihm wird berichtet, dass er von alters her existiert und keinen Anfang und kein Ende hat. Eine Verehrung, wie sie die Götter und Heiligen innerhalb anderer Religionsgruppen erfahren, wurde Io jedoch niemals zuteil. Io wurde weder durch Bildnisse dargestellt, noch wurden ihm Opfergaben dargebracht.

Im Glaubensbild der Māori gibt es etwa 70 göttliche Wesen (atua), doch nur einige davon sind signifikant:

Tāne Mahuta	Hüter des Waldes und der Vögel
Tangaroa	Gott des Meeres
Tūmatauenga	Gott des Krieges, der Jagd und der Fischerei
Rongo-Mā-Tāne	Gott des Friedens und der Landwirtschaft
Haumia-tiketike	Gott der Vegetation, Flora und Fauna
Tāwhirimātea	Herr der Winde und Elemente
Rūaumoko	Gott der Erdbeben und der Vulkane
Whiro	Gott der Dunkelheit und des Bösen
Hine-nui-te-pō	Göttin der Nacht und des Todes

Darüber hinaus glaubten die Māori an Kaitiaki, an Wächter. Gemäß ihrer Ansicht ließen die verstorbenen Vorfahren einen Schutzgeist zurück, der über die Hinterbliebenen wacht oder heilige Orte behütet. Schutzgeister wurden auch als Boten und ein Mittel der Kommunikation zwischen der Geister- und der Menschenwelt angesehen. Kaitiaki konnten verschiedene Gestalten annehmen, die häufigsten offenbarten sich durch Tiere, Vögel, Insekten und Fische. Nach dem Eintreffen der europäischen Siedler bildeten sich unter den Māori

viele religiöse Bewegungen heraus. Bemerkenswert ist, dass all diese Propheten unmittelbar nach dem Einführen des Christentums auftraten und ihre Lehren zumeist eine Kombination der neuen Glaubensansichten der Missionare sowie der traditionellen Praktiken der Māori waren.

Die Reise nach Hawaiki

Gemäß der Legende ist Hawaiki die spirituelle Heimat der Māori, der Ort, an dem Menschen mit Göttern wandelten und Gemeinschaft mit allen belebten und unbelebten Dingen hatten. Von Hawaiki aus begannen die Māori ihre Reise in ihre neue Heimat Aotearoa.

Dieses Wissen über eine spirituelle Vergangenheit prägt auch die gegenwärtige Existenz der Māori. Im traditionellen Māori-Glauben gibt es keine entsprechende Vorstellung davon, die eigenen Taten mit einem angemessenen Schicksal in Verbindung zu bringen. Gemäß der Überzeugung der Māori, begibt sich jede Seele, unabhängig von ihrem Status oder ihrer vorherigen Handlung, beim Tod in die Unterwelt. Die Angst vor dem Tod ist den Māori daher fremd. Viele Māori glauben daran, dass nach dem Tod die Seelen der Verstorbenen nach Te Reinga, „The Leaping Place", zum nördlichsten Punkt der Nordinsel reisen. Die Region ist als „Muriwhenua", „Land's End" bekannt. Von der steinigen Klippenwand, an der ein alter Pōhutukawa-Baum wächst, springen die Seelen in die Unterwelt, um sich auf den Weg nach Hawaiki zu begeben, wo sie sich schließlich mit ihren Vorfahren vereinen.

Leuchtturm am Cape Reinga an der nördlichsten Spitze der Nordinsel

Ein Blick auf Te Reinga „The Leaping Place“, Northland, Nordinsel. Gemäß derMaori-Mythologie begeben sich hier die Seelen der Verstorbenen auf den Weg nach Hawaiki

Huldigung an den Stamm Ngāti Maniapoto von Daniel Ormsby, Waitomo

Te Miringa Te Kakara – Das Haus der Weisheit und des Lernens

Weit abgelegen zwischen einsamen, hügeligen Weiden, findet sich auf der Nordinsel Neuseelands ein Platz mit besonderer Historie. Wo später ein kleines Versammlungshaus errichtet wurde, stand in früheren Tagen das sogenannte „Cross House". Etwa im Jahr 1887 hatten der Hohepriester Te Ra Karepe und der spirituelle Heiler Rangawhenua an dieser Stelle den Bau des Cross House veranlasst, das ihnen nach der Fertigstellung als Lehrzentrum auf höchstem Niveau diente.

Das Gebäude trug den Namen Te Miringa Te Kakara, was mit „Ein zärtlicher Wohlgeruch" übersetzt werden kann. Obwohl die Form eines Kreuzes nicht der Māori-Tradition entsprach, wurde Te Miringa Te Kakara in dieser Form erbaut, und als „Haus der Weisheit und des Lernens" bekannt. Aus allen Herren Ländern strömten zahlreiche Lernwillige zum Cross House, um sich in den Fächern Astronomie, Genealogie und Naturheilkunde unterweisen zu lassen.

Nicht nur der Zweck des Hauses war besonders, auch das Baumaterial entsprach diesen Kriterien. So fanden sich in dem Bauwerk weder Schrauben noch Nägel, überdies wurde, wohl bewusst, auf jegliches, europäisches Baumaterial verzichtet. Zwei große Balken aus Totaraholz kreuzten sich, um die Struktur zu stützen. Der andere Teil des Holzes bestand aus nicht gesägten Totara-Pfosten, die mit Totara-Rinde überzogen waren, die von Latten an Ort und Stelle gehalten wurden.

Bedauerlicherweise wurde Te Miringa Te Kakara im Jahr 1983 durch ein Feuer zerstört. Obwohl nur wenige Überreste an seine ehemalige Gegenwart erinnern, spürt man noch heute die spirituelle Kraft, die von diesem heiligen Ort ausgeht.

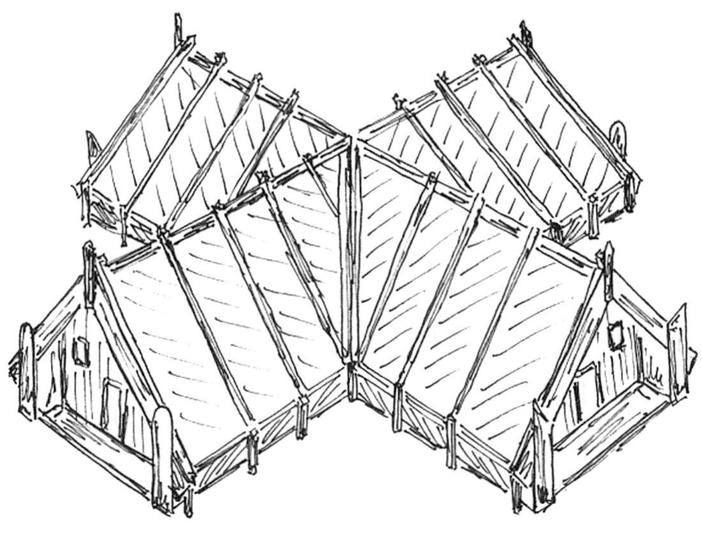

Crosshouse
„Haus der Weisheit und des Lernens"

13

Neuseeland-Nachlese

Ein Gefühl von Freiheit

Schlaftrunken war ich gegen sechs Uhr morgens in den Truck geklettert. Tokowhā hatte darauf gedrängt, dass wir frühzeitig losfuhren. Heute war der Tag, auf den ich mich seit meiner Ankunft in Neuseeland am meisten gefreut hatte, denn ich sollte die Wildpferde der Kaimanawa Ranges sehen. Tokowhā war sich sicher, dass er den Aufenthaltsort einer Herde kannte. Noch vor wenigen Tagen waren sie dort von seinem Cousin Rusty und dessen Frau Maureen, die eine sogenannte Pferdeflüsterin war, gesichtet worden.

Ausgangspunkt der Reise war Te Kuiti, wo ich in Tokowhās Haus ein Zimmer bewohnte. An diesem Samstag verließen wir den kleinen Ort und fuhren zunächst Richtung Taupo. Die sanften grünen Hügel lagen vor uns, gespenstisch eingehüllt von Nebelschwaden. Ab und zu überquerte eine Nebelbank die Straße und ließ mich instinktiv auf die Bremse treten. Tokowhā hielt das Tempo, nicht bereit, sich von den durchsichtigen Störenfrieden irritieren zu lassen. Statt um eine gemäßigtere Fahrweise zu bitten entschied ich mich dafür, die Augen zu schließen und dem Māori zu vertrauen, der mir Neuseeland in den vergangenen Wochen auf eine Weise erschlossen hatte, wie ich es während meiner vorherigen Besuche noch nie erlebt hatte.

Tokowhā übernahm die Rolle des Reiseführers, beantwortete jedoch keine Fragen über Ziel und Zeit. „Trust me“, sagte er und ich hatte es zugelassen. Nicht ganz freiwillig, aber nach mehreren ergebnislosen Versuchen einen Widerspruch zu wagen, hatte ich schließlich kapituliert. Auf eines allerdings hatte ich bestanden: Ich wollte Neuseelands Wildpferde sehen.

Mein Kopf schwenkte willenlos auf der Nackenstütze hin und her. Meine Augen verlangten danach geschlossen zu bleiben, doch stattdessen gewann die Neugier auf die frisch erwachte Landschaft. Langsam bahnte sich die Sonne ihren Weg durch den Dunst, blendete mich wie ein gleißendes Schwert. Ich blinzelte in die Landschaft hinaus, die wie frisch gewaschen aussah, benetzt vom Tau und den Nebelschwaden unterlegen. Oft war ich kurz

davor „Stopp“ zu schreien, den Wunsch verspürend, die Farben mit meiner Kamera festzuhalten, es wenigstens zu versuchen. Doch viel zu schnell flogen die Bilder an mir vorüber, ließen mich sprachlos zurück. Mir blieb nur ein kurzer Blick nach hinten und die Hoffnung, dass ich sie nie vergessen würde.

Nach etwa zwei Stunden wurden die Straßen schmaler und staubiger. Wir erreichten das Dorf Minginui und Tokowhā wies mich an, die Kamera aus meinem Rucksack zu fischen. Die Anspannung wuchs. Unsere Augen wanderten von einer Seite zur anderen, durchsuchten die von üppiger Vegetation übersäte Landschaft, in der vereinzelt ein paar Häuser standen.

Nichts, keine Spur von ihnen! Tokowhās schwarze Augen verfinsterten sich um eine Nuance. Er wendete den Truck und raste aus dem kleinen Dorf hinaus. Der Wagen holperte auf den Schlaglöchern dahin, wirbelte eine riesige Staubwolke auf und endete schließlich in einer Straße, die so eng war, dass ich befürchtete, von dem mich umgebenden Grün verschluckt zu werden.

Plötzlich trat Tokowhā auf die Bremse und deutete auf einen Haufen, der mitten auf dem Weg lag: Pferdeäpfel! Er öffnete das Autodach und scheuchte mich auf die Rückbank, von wo aus ich Ausschau halten sollte. Langsam kroch der Wagen den Weg entlang. Ich hatte keine Ahnung, wo die Pferde ihren bevorzugten Aufenthaltsort hatten und suchte ziellos den Regenwald nach ihnen ab.

Im nächsten Moment öffnete sich die Landschaft und gab den Blick frei auf eine kleine

Herde, so schön und hinreißend, dass mir der Atem stockte. Meine Gedanken und Gefühle überschlugen sich, Worte wie Freiheit, Anmut und Stolz fielen mir ein. Die Herde bestand aus zehn Tieren unterschiedlicher Schattierungen, darunter ein Fohlen. Tokowhā näherte sich im Schritttempo. Nacheinander hoben sich die Pferdeköpfe, schauten interessiert und senkten sich wieder. Ich verspürte das Bedürfnis auszusteigen, mein Gesicht in den buschigen Mähnen zu verbergen.

Tokowhā parkte direkt vor der Herde und ich ließ mich aus dem Auto gleiten. Da stand ich, nur wenige Meter von den anmutigen Geschöpfen entfernt. Sie zeigten kein Anzeichen von Furcht, sahen mich neugierig mit ihren warmen Augen an. Ich bewegte mich nicht, ließ sie an mich herankommen, meinen Geruch aufnehmen, die Kamera untersuchen. Während sie um mich herumstrichen, berührten meine Finger sanft ihre zarten Nüstern, fuhren ihre Hälse entlang. Ich wurde Teil der Herde, fühlte mich ebenso frei und zugehörig.

Der Tag hatte keine Chance noch schöner zu werden. Tokowhā hatte mir freundlicherweise den Truck als Schlafplatz überlassen. Nach Einbruch der Dunkelheit verzog ich mich dorthin. Ich wollte das schöne Gefühl nicht zerreden, dass ich seit der Begegnung mit den Pferden in mir spürte. Bei geöffnetem Dach lag ich da und blickte in einen Sternenhimmel, wie er dunkler und doch strahlender nicht sein konnte. Das einzige Geräusch war das des alles übertönenden Wasserfalls, der nur wenige Meter von meinem Schlafplatz entfernt, in ein Becken aus weißen Schaumkronen hineinstürzte. Heute war ein besonderer Tag, ich war eins mit der Natur geworden.

Das große Rennen

Viele halten Schafe für dumme Tiere. Doch mal ehrlich, wussten Sie, dass sich Schafe bis zu fünfzig Gesichter ihrer Artgenossen merken können? Wenn Sie in Betracht ziehen, wie ähnlich sich Schafgesichter sind, ist das eine wahrlich beachtliche Leistung!

In Neuseeland gibt es etwa vierzig Millionen dieser klugen Geschöpfe und anläßlich des traditionellen „Sheep Run" werden etwa 2000 von ihnen durch die Kleinstadt Te Kuiti im Waitomo-Distrikt getrieben. Unzählige Menschen säumen die Geschäftsstraße und erfreuen sich daran, eine aufgeregte Schafherde an sich vorbeihetzen zu sehen.

Die flauschigen Akteure werden zunächst aus nah und fern zusammen gekarrt. Etwas ratlos stehen sie auf dem umzäunten Parkplatz. Schaftransporter um Schaftransporter sorgt für neuen Nachschub und je größer die Zahl an Schafen wird, umso angespannter wird die Stimmung unter den Tieren.

Auch ich gehöre in diesem Jahr zu den vielen Schaulustigen, die sich das Schaf-Spektakel ansehen wollen. Ich selbst kann mir nicht vorstellen, dass es ein Vergnügen ist, mit heraushängender Zunge an einer johlenden Horde vorbei zu hecheln, um dann am Ende von einem entschlossenen Schafscherer des Pelzes beraubt zu werden.

Der Gedanke an dieses Szenario machte im Jahr davor wohl auch einigen Schafen zu schaffen. Insgesamt waren 1953 Tiere zum „Sheep-Run" angemeldet. Am Ende der etwa zwei Kilometer langen Strecke wurden allerdings nur mehr 1873 gezählt. Eine Differenz von achtzig Tieren!

Einige besonders Kluge, denen wohl nicht der Sinn danach stand, sich vor der Meute zum Narren zu machen, waren ausgebrochen und hatten sich auf die nahe gelegenen hügeligen Weiden verzogen. Hinter vorgehaltener Hand wurde mir berichtet, dass es aber

auch weniger glückliche Schaf-Schicksale gab. Ein paar, etwas trägere oder vertrauensseligere Tiere, waren offenbar in die Hände gieriger Tunichtgute gefallen, die die Schafe lieber tot in ihrer Pfanne sehen wollten, als lebend am Ende der Geschäftsstraße.

Die anderen 1873 ergaben sich in ihr Schicksal, nutzten aber die erstbeste Gelegenheit, sich an den sensationslustigen Zuschauern zu rächen. Als Opfer bot sich eine österreichische Touristin an, die, unerfahren im Umgang mit einer vierstelligen Schafherde, etwa einhundert Meter direkt in Laufrichtung, mit ihrer Kamera Stellung bezogen hatte.

Wenn man nicht dauernd mit galoppierenden Schafen zu tun hat, ist es schwierig, ihre tatsächliche Geschwindigkeit einzuschätzen. Zu allem Unglück war die heranrasende Schafherde nicht geneigt, für ein Porträt zu stoppen. Die Dame war also im Weg und wurde wenig später ohnmächtig am Boden liegend gesichtet.

Wie viele Schafe beim diesjährigen „Sheep-Run" verlustig gegangen sind, kann ich nicht sagen. Berichten kann ich nur von einem, das ich, in journalistischer Manier, bis auf die Weiden hinauf verfolgt habe.

Nach etwa einem Kilometer intensiver körperlicher Ertüchtigung (Sie haben keine Vorstellung davon, wie schnell ein Schaf rennen kann!) blieb ich atemlos hinter dem Tier zurück und sah das Schafhinterteil, und damit meine Story, gerade noch in den Büschen verschwinden.

Für einen Journalisten gibt es wohl nichts Schlimmeres, als wenn einem der Interviewpartner abhandenkommt. Aber ich sagte ja schon zu Beginn: Schafe sind nicht so dumm, wie die meisten Menschen glauben!

Doch seien wir realistisch, ich hätte das Schaf ohnehin nicht interviewen können, wie ich es gewöhnlich mit meinen Gesprächspartnern tue. Ich bin allerdings davon überzeugt dass, hätte ich das Schaf zum Interview bitten können, es mindestens genauso viel zu sagen gehabt hätte, wie so manch ein Politiker oder Vorsitzender eines lokalen Gesangsvereins. Nicht selten stellten mich diese Herrschaften vor die Herausforderung, aus mageren Inhalten eine passable Story zu machen. Aber machen Sie sich keine Sorgen, irgendwann bekommen Sie Ihre Schafgeschichte!

Küste bei Kaikoura, Südinsel

Glossar

A

Aotearoa	Der Name der Māori für Neuseeland, das „Land der langen weißen Wolke“
Aroha nui	Mit inniger Zuneigung; der Ausdruck wird oft am Ende von Briefen benutzt, wenn man mit Freunden kommuniziert

H

Haere mai	Herzlich willkommen
Haere rā	Leb wohl
Haka	Tanzdarbietung
Hāngi	Die traditionelle Art der Māori, Essen im Erdofen zuzubereiten.
Hākari	Üppiges Mahl, Fest, Bankett
Harakeke	Neuseeland-Flachs, eine wichtige einheimische Pflanze mit langen, aufrecht stehenden Blättern, die in den Sumpfgebieten Neuseelands gedeiht
Hariru	Sich die Hände schütteln
Hapu	Familienclan
Hawaiki	Die spirituelle Heimat der Māori, von der aus sie nach Aotearoa gereist sind. Die Māori glauben, dass die Seele nach dem Tod in die Heimat der Vorfahren zurückkehrt.
Hongi	Traditionelle Begrüßung der Māori, Nase und Stirn zum Gruß aneinander zu drücken
Hui	Versammlung, Zusammenkunft

I

Iwi	Stamm

K

Kai	Essen, Mahlzeit
Ka kite ano	Auf Wiedersehen; bis bald!
Karanga	Feierlicher Ruf zu Beginn eines Pōwhiri, um die Besucher auf dem Marae willkommen zu heißen

Karakia	Gebet, rituelle Gesänge, die in Te Reo Māori unter Verwendung traditioneller Strukturen schnell vorgetragen werden
Kaumatua	Stammesälteste, denen besonderer Respekt entgegengebracht wird
Kaupapa	Zweck, Grund, Bedeutung
Kia ora	Hallo!, Alles Gute!, Vielen Dank!
Koha	Geschenk, Spende
M	
Mana	Status und Ansehen einer Person, Autorität
Manuhiri	Besucher, Gast
Māori	Indigene Bevölkerung Neuseelands. Māori bedeutet übersetzt „normal", „einfach" oder „natürlich".
Marae	Traditionelle Begegnungsstätte der Māori, an der formelle Begrüßungen und Diskussionen stattfinden.
Mauri	Lebenskraft, der Sitz der Gefühle
Mihi	Begrüßung
N	
Noa	Gewöhnlich, uneingeschränkt, frei von Tapu (heilig)
P	
Pākehā	Neuseeländer mit überwiegend europäischen Vorfahren oder alle Nicht-Māori
Papatūānuku	Mutter Erde
Pepeha	Kurze Abhandlung der Genealogie eines Menschen
Piupiu	Tanzröcke der Māori, die aus Harakeke hergestellt werden
Pōwhiri	Formelles Willkommensritual der Māori
R	
Ranginui	Himmelsvater
Rongoa Māori	Māori-Medizin
T	
Tā Moko	Traditionelles Māori-Design, das früher mit Meißeln in die Haut eingebracht wurde

Tangata Whenua	„Menschen des Landes", bezeichnet die Menschen oder Gastgeber des Marae, die auf dem Land geboren wurden, auf dem bereits die Vorfahren gelebt haben
Tangihanga	Zeremonie, um die Toten zu beklagen
Tapu	Heilig, verboten, begrenzt, abgesondert; unter dem Schutz der Götter
Tēnā koe	Guten Tag
Te Reo Māori	Māori -Sprache
Tohunga	Experte auf seinem Gebiet
Tupuna	Vorfahren
W	
Waiata	Traditioneller Gesang, Begriff für eine Liedform
Waka	Kanu
Whaikōrero	Formelle Rede; als Redner zu sprechen
Whanau	Familie
Whakapapa	Genealogie, Abstammung
Wharenui, Whare Tupuna	Versammlungshaus auf dem Marae-Gelände, auch Haus der Vorfahren genannt

Fotonachweise

Titelseite vorn, unten: Daniel Ormsby
sowie Fotos auf den Seiten: 6/7, 70, 81, 92
Seite 35: Claudio Fonte/www.unsplash.com
Seite 36: Myles Tan/www.unsplash.com
Seite 53: Ūekaha Tāne Tinorau
Seite 90/91: mato Fiona Clyde/www.unsplash.com
Seite 95-97: Tokowhā Te Huia
Seite 99. Karl Sewastianiuk
Alle anderen Fotos und Zeichnungen:
Claudia Edelmann

Kontakt:

info@maori-adventure.de
www.claudia-edelmann.de

West Coast, Südinsel

Küste im Northland, Nordinsel

Tokowhā, der mir die Tür in die Welt der Māori öffnete

Nachwort

Als ich im Jahr 2010 in Neuseeland meine ersten ernsthaften Begegnungen mit den Māori hatte, hätte ich niemals gedacht, dass sich daraus eine Beziehung entwickelt, die die Zeit und die große Distanz zwischen Neuseeland und Deutschland überdauert.

Die Gespräche, die ich bei jedem meiner Aufenthalte mit meiner Māori-Familie führe, sind nicht nur reiner Austausch von Informationen. Sie sind ein Teilhabenlassen an den tiefen Weisheiten der Māori, ein Vermitteln von Wissen und Überlieferungen, die bereits die Vorfahren geteilt und weitergegeben haben.

Jedes Mal, wenn ich zu meiner Māori-Familie zurückkehre, ist das Gefühl von Vertrautheit, Liebe und Sorge füreinander spürbar und ich bin sehr dankbar für diese Erfahrung, die meinem Leben eine ganz besondere Bedeutung gibt.

Die Māori sind meine Freunde, Familie und engsten Vertrauten. Die Begegnung mit den Māori wird immer die intensivste und bedeutendste in meinem Leben bleiben.

Tēnā koutou, tēnā koutou,
tēnā tatou katoa.

Te Mihi Aroha–Danksagung

Das Schreiben dieses Buches war für mich ein großes Vorrecht, da ich über die Kultur und Erfahrungen der Menschen schreiben konnte, die mir am meisten am Herzen liegen, die Māori. Bei den Recherchen wurde ich von meiner Māori-Familie liebevoll unterstützt und ich möchte meine tiefe Zuneigung und Dankbarkeit für jeden zum Ausdruck bringen, der mir dabei zur Seite stand.

Tokowha, viel haben wir zusammen erlebt, und vieles hast Du mich gelehrt, vor allem Geduld. Du wirst immer einen ganz besonderen Platz in meinem Herzen haben. Aroha und Dankbarkeit an Daniel Ormsby, der mir bei jedem Besuch in Neuseeland seine Zeit schenkt, um mit mir die tiefen Weisheiten seiner Vorfahren zu teilen. Aroha und Dank an Leilani und James, die mich jedes Mal als whanau aufnehmen und bei denen ich mich wie Zuhause fühle. Anastasia, die Zeit mit Dir in Papamoa war wunderschön und ich freue mich auf ein baldiges Wiedersehen. Besonderer Dank geht an meinen Grafiker Daniele, der das Projekt kurzfristig übernommen hat und dem ich mit meinen ständigen Wünschen zur Gestaltung des Buches eine schwere Zeit bereitete. Herzlichen Dank, dass Du durch Deine Hingabe und mit Deiner Liebe zum Detail das Buch zu etwas Besonderem hast werden lassen.

Aroha nui

Von Claudia Edelmann ist ebenfalls erschienen:

Māori – Neuseelands verborgener Schatz
Māori – Ngā Taonga i te Huna o Aotearoa
Wolfram Kühnert Verlag
ISBN: 978-39813220-1-9

Tierisch verrückt
Vergnügliches und Kurioses von liebenswerten Vierbeinern
Wolfram Kühnert Verlag
ISBN: 978-3-9813220-0-2

Der fliegende Delphin
Geschichten & Anekdoten
aus dem alten Konstanz
Wartberg Verlag
ISBN: 978-3-8313-1911-4